廣州印迹

城市风貌摄影展文献集

广州政协文史展示中心 编

南方传媒
嶺南美術出版社
中国·广州

图书在版编目（CIP）数据

广州印迹：城市风貌摄影展文献集 / 广州政协文史展示中心编. —广州：岭南美术出版社，2023.9
ISBN 978-7-5362-7772-4

Ⅰ.①广… Ⅱ.①广… Ⅲ.①城市建设—广州—摄影集 Ⅳ.①F229.276.51-64

中国国家版本馆CIP数据核字(2023)第134604号

书名题签：陈传席
责任编辑：黄 敏 李 青
责任技编：谢 芸

广州印迹 城市风貌摄影展文献集
GUANGZHOU YINJI CHENGSHI FENGMAO SHEYING ZHAN WENXIAN JI

出版、总发行：岭南美术出版社（网址：www.lnysw.net）
（广州市天河区海安路19号14楼 邮编：510627）
经 销：全国新华书店
印 刷：雅昌文化（集团）有限公司
版 次：2023年9月第1版
印 次：2023年9月第1次印刷
开 本：889 mm×1194 mm 1/16
印 张：7.75
字 数：130千字
印 数：1—2000册
ISBN 978-7-5362-7772-4

定 价：98.00元

序

为贯彻习近平总书记关于政协工作的重要讲话精神和落实全国政协、广东省政协、广州市政协的工作部署要求，宣传中国共产党领导的多党合作与政治协商制度，展现人民政协的光辉历程、历史贡献与参政议政的实践成果以及广州市政协的发展成就，讲好“四个自信”的“广州故事”，宣传好“四个走在前列”的“广州经验”，更好地为新时代广州改革和发展服务。2018年5月，广州市政协做出建设广州政协文史馆的决定，并开始精心筹建。2019年12月31日，广州政协文史馆建成并开馆试运行。2020年9月，原“广州政协文史馆”建设项目，定名为广州政协文史展示中心（下简称“展示中心”），正式对外开放。

展示中心位于广州市中心城区的越秀区明月一路，建筑面积5820 m^2，展陈面积约4000 m^2。其场馆设计紧密围绕“存史、资政、团结、育人”的社会功能进行规划，分为广州市多党合作宣传教育基地展区、广州政协文史展厅、临时展览区域、文史阅读空间、库房、讲学厅、书画院和办公室，用于开展研究、策展和宣教等各项工作。

研究、策展、宣教、收藏、交流和服务是文博系统场馆的六大职能，充分发挥职能作用是文博系统场馆“软实力”的具体表现。其中，以研究引领其他职能，确立场馆的学术定位是当下文博界的普遍共识。

随着展示中心场馆建设日益完善，以“立馆之本、学术先行”为基本理念，以“研究促策展、研究促收藏、研究促宣教、研究促交流、研究促服务”为发展路径，加强展示中心“软实力”建设提上日程。基于此，“广州印迹——城市风貌摄影展”和《广州印迹——城市风貌摄影展文献集》应运而生。展览及其文献集以“广州”“城市风貌”“广州故事”为关键词，以摄影作品为主要载体，着力于呈现改革开放至今的广州城市侧像，其学术性、专业性和通俗性兼具的特点获得学界的垂注和公众的喜爱。从主题构想、研究策划、撰写展纲、征集素材、布置展览到宣传推广、收藏作品、编写书籍等每一步“摸着石头过河”般的尝试，都体现了展示中心履行六大职能的思考与实践。虽然不成熟，但是意义重大。可以说，展览及其文献集既是呈现改革开放至今广州城市发展的“印迹”，又是展示中心探索发挥六大职能作用及其“软实力”不断增强的“印迹”。

新时代，新征程。借此契机，策划、编写展现广州物质文明和精神文明两方面的辉煌成就的展览与书籍，打造“广州印迹”展览与学术双品牌成为展示中心指向未来的发展构想。因此，本书只是展示中心研究工作的起点、系列研究丛书的其中之一。相信不久的将来，诸如城市建设与生态环境、经济发展与文化教育、生活空间与艺术活动等更多的专题展览、书籍会层出不穷，让更多的读者了解广州、热爱广州、奉献广州，并从中获得砥砺前行的力量。

广州政协文史展示中心

2022年10月

目录

CONTENTS

第一部分 展览综述

由广州市政协办公厅主办，广州政协文史展示中心承办，广州市摄影家协会、岭南诗书画研究院协办的“广州印迹——城市风貌摄影展”，于2022年6月8日至8月8日在广州政协文史展示中心三楼展出。展览着力于呈现改革开放至今的广州城市侧像，讲好“广州故事”，分享“广州经验”。

一 背景与定位

“广州印迹——城市风貌摄影展”是2022年度广州政协文史展示中心“我的城市我的家”系列展览之一。2018年10月，习近平总书记视察广州，提出“城市文明传承和根脉延续十分重要，传统和现代要融合发展，让城市留下记忆，让人们记住乡愁”的观点，并嘱托广州要在新时代征程中不断开拓奋进，实现“老城市新活力”。随后，习近平总书记又发表“共谋绿色生活，共建美丽家园”“共同建设人与自然和谐共生的美丽家园”等探讨新时代城市建设与自然生态和谐共生问题的重要讲话。“我的城市我的家”系列展览有效贯彻落实习近平总书记上述重要讲话精神，充分展现了广州的城市文化定位。

二 载体与时域

图像可以证史。“广州印迹——城市风貌摄影展”以摄影作品这种图像为主要载体，正基于这种选择。书面文本、口述证词和可视证据是学人研究历史的不二法门，三重论证才能得出代表一个时段的历史总量。图像作为可视证据之一，为社会史、思想史和文化史等研究者建构他们的“史学王国”或理论体系提供了更直接的证据、更丰富的细节，其价值越来越为学界所重视。尤其在物质文化史、城市发展史、日常生活史、身体史等已成为学术热点的当下，如果研究者仅仅留意于宏观叙述、局限于文本和口述证词去论证问题，可能会过滤掉很多“鲜活”的历史细节，造成叙述的单薄与片面。

那么，图像如何证史？图像可以提供有关社会现实许多侧面的证据，而这些证据往往为文本或口述证词所忽略。然而，图像提供的证词又必须放在“背景”中去考察，更准确地说，必须放在一系列多元的背景（文化的、政治的、物质的等）以及图像制作者的身份中去考察。诸如从过去的图像中发现歪曲历史的地方，恰恰可以用来证明过去的观察角度和“凝视”，以及过去某个历史时期的集体或个人感受，是其时反观自身的一种方式。“‘图像对历史想象产生的影响’留下空间和余地，可以让我们这些后代人共享未经用语言表达出来的过去文化的经历和知识。它们能带给我们一些以前也许已经知道但并未认真看待的东西。简言之，图像可以让我们更加生动地‘想象’过去。”[1]摄影作品是图像的一种，其功能和所扮演的角色也在不断发生变化：从对现实的复制到对现实的解剖，从贵族的权利到平民化的社会图景，从客观地记录到主观地表达，时代的一切都在影响或改变着摄影，摄影也在逐渐改变着人们的生活，甚至参与到中国社会的发展之中。因此，虽然作为图像的摄影不一定具有相当的美学意义，但它却是对社会现实的想象与修辞。当人们重新审视这个真实世界的时候，这些难忘的照片扩展了人们对于视觉感知的可能性。魏民认为纪实摄影“是有社会历史人文主题、有一定目的、围绕一个社会课题的多侧面、多画幅的影像项目”。[2]

“广州印迹——城市风貌摄影展”以“广州”“城市风貌”“广州故事”为关键词，选取改革开放至今的时域，基于两个方面的考量。从摄影本体来看，改革开放至今正是中国摄影逐渐走向兴盛、信息传播模式发生根本改变的时代。胡武功强调20世纪70年代中后期，以个人和民间视角进行独立拍摄的纪实摄影成为新时期国内摄影艺术的转折点，是新时期纪实摄影的发端。[3]从社会发展而言，这一时期又是改革开放数十年来，中国社会发生翻天覆地变化的阶段。广州在这一时域中物质文明和精神文明两个方面均取得了辉煌成就，其城市的高质量发展和深厚的文化底蕴为艺术家们提供了优越的物质条件、人文环境，激发了艺术创作的深层潜力。无论是宏大的纪念事件表征，还是细微的平民生活叙事，这些记录城市发展和居民行为、话语表达方式的摄影作品，体现出中国社会转型期最

1 〔英〕彼得·伯克著，杨豫译：《图像证史》（第二版），北京大学出版社，2018年，第11页。

2 魏民：《纪实摄影为什么是摄影中坚？》，《中国摄影家》2012年第1期。

3 胡武功：《中国纪实摄影的历程》，《西北美术》2000年第4期。

有意味的几十年历程，折射出广州城市风貌和社会的变迁以及“老广们”的城市文化认同。

三 思路与内容

根据2020年广州市政府工作报告，广州实际管理人口数量超过2200万，这个数字包括生于斯长于斯的“老”广州人（简称“老广”）和几百万“孔雀东南飞”的“新”广州人。怎么勾起“老广”的城市记忆，怎么引导“新”广州人读懂广州，是“广州印迹——城市风貌摄影展”的重要策展思路。展览尝试汇集广州城市风貌摄影作品及其相关的历代诗文佳句，分“忆”“花”“城”“情”四个主体章节，以新旧影像对比、文字与作品结合、静态影像与动态视频交融等陈列方式，以及借助平面的摄影作品与立体的文字装置、酷炫的现代装饰与色彩和节奏分割的展陈空间，让观众能从图像、文字、陈列设计等各个方面感受广州城市的独特魅力。借此让“老广”感受到乡愁，浮现出他们记忆中的广州模样；又让“新”广州人了解到这座城市的巨大变迁，知道今天的广州是怎样一步步走过来的，从而激发“新”“老”广州人热爱广州、建设广州、奉献广州的共同情感。

影像是时代的印迹。在这个信息会被互联网等新式传播工具迅速碎片化的时代，在这个图像大量产生、批量消费又被快速遗忘的时代，在这个“快照美学”大众化评判标准被更快的影像“流媒体”评判标准逐渐取代的时代，我们仍然会被一幅幅摄影作品所吸引，仍然会静下心来，随着视线的游移，去解析那些蕴藏在图像之中，甚至画面之外的历史文化气息。因为这些可以读、有分量、有温度的摄影作品，必然在碎片飞扬中，被存取、被记录、被沉淀下来，为观者所凝视、所思索、所感悟，从而唤起他们的城市记忆与文化认同。“忆”之章主要选取了“过去”的老照片，分为三个小节来表现。诸如《检阅三军》《空姐选美》《广州国际集体婚礼》《广州地铁一号线开工典礼》等记录具有时代记忆的地区性纪念事件，《白鹅潭畔》《白云宾馆》《广州珠江河畔西堤景观》《东方乐园》等再现广州绿色宜居的城市环境和景观，《赤脚医生》《摘荔枝时节》《英雄之村三元里新春乐》等反映“老广”衣、食、住、行的生活百态和市井烟火。

绿色是大自然的底色，花是广州的城市符号和文化意象。加强广州的生态文明建设，是贯彻新发展理念、推动经济社会高质量发展的必然要求，也是“老广”追求高品质生活的共识和呼声。“花”之章主要选取了广州的花卉、绿植和反映广州繁华景象的照片，分两个小节来表现。诸如《花城木棉红》《沙面之晨》《秋染海珠湖》《老榕婆娑荫南粤》《畲族村扶贫路》等反映广州生态文明建设成果的“花海绿天”，《百年盛事》《2017财富论坛主会场》《我在广州向祖国表白》等显现这座花一般的城市的“繁华盛景”。

如果说文化名片是地域的文明精华和文化传承的标志，文化景观则是这一地域文化名片的折射，广州的文化景观大都与珠江有着密切的关系。珠江是广州的母亲河，又是广州千百年来城市发展的天然中轴线。广州依江而建，依江发展。依托珠江，广州成为我国唯一历代相沿、长久不衰的对外贸易口岸，更是“海上丝绸之路”的重要起点之一，从而造就了广州的国际化色彩与开放基因；依托珠江，还造就了广州长宜的风物和珠江两岸纵横交错的公路与大桥、高耸入云的广州塔、五光十色的历史建筑与现代化高楼等人文景观，以及“老广”们温润、灵秀、开放和包容的品性。有意思的是，广府方言多以水来表情达意，广州人也视水为财，有“猪笼入水、醒水、水皮、水货、一旧水”等各种说法。“城”之章，主要选取了广州城乡景观和文化空间的照片，分两个小节来表现。诸如《黄埔港区》《广州最美乡村》《吕田仙境》《广州天际线》等呈现广州水系生态的“云山珠水”，《崛起的珠江新城》《腾飞的琶洲国际会展中心》《旋律》等展现新旧城市景观形式美的“城市空间”。

影像又是自我的印迹。摄影作品的无限复制性使得它可以面向各阶层的人们打开反观自我的大门。这些寄托着一代又一代摄影家青春岁月与灵感的作品，让我们为之感怀、感叹和感动之余，又重新审视诸己，在历史洪流和社会变迁中识见自我、唤起超越视觉的情感。“情”之章主要选取了重点刻画自我与“他者”情感的照片，诸如《祝福祖国》《一针一线感党恩》《关爱》《蔚为国光》等展现豪情大爱的力作，《唢呐声声庆鸡年》《永庆坊年味》《敬业的城市美容师》等摄影家“扫街”作品，随时记录日常喜乐，在摄影家细致的生活观察中留下精彩的瞬间。

第二部分 展览实施

一 前言

（一）主题文

“广州印迹——城市风貌摄影展”是广州政协文史展示中心“我的城市我的家”系列展览的首展。2018年10月，习近平总书记视察广州时指出，“城市文明传承和根脉延续十分重要，传统和现代要融合发展，让城市留下记忆，让人们记住乡愁”。

本次展览通过“忆”“花”“城”“情”四个主题，汇集反映广州城市风貌的150余幅摄影作品以及相关的历代名人诗文句，以新旧影像对比、文字与作品结合、静态影像与动态视频交融等陈列方式，丰富、立体地呈现广州自20世纪80年代至今在物质文明和精神文明两个方面取得的辉煌成就。广州鲜花怒放，榕荫叠翠，繁华热闹；广州水网如织，路路通达，高楼林立；广州包容开放，“生猛鲜活”，务实乐观。这些情景都被记录在摄影家或特写，或鸟瞰，或仰视的镜头中，突显出广州人特有的城市记忆与乡愁，突显出广州绿色和谐的生态与人文环境，突显出广州在改革春风中日新月异的城乡变迁与人情坚守。

影像是时代的印迹。透过这些在时光深处发出自己“声音”的影像，我们可以感受到广州的城市温度与情感，以及每一位为广州城市建设与生态保护付出努力的广州人的平凡与伟大。

（二）陈列装置

1. 分割展览空间的摄影作品垂纱（1幅）

摄影作品陈碧信《古楼春色》

2. 分割展览空间的文学作品垂纱（1幅）

叶剑英《七绝·百年赢得十之八》

这是首任广州市市长叶剑英在81岁时候写的诗：“百年赢得十之八，老骥仍将万里行。小憩羊城何所遇，英雄花照一劳人”。从这首题照诗可看出，其是写照中人壮心不已，看到英雄花处处盛开，充满旺盛的生命力，借英雄花兴寄，感到自己虽是为人民、为革命劳碌了半个多世纪的人，还应像老了的良马那样奋志，作万里之行，呈现出作者勤劳朴实的本色。

二 “忆”之章

（一）主题文

老城区，新活力。

有着2200多年厚重历史的广州，为人们留下了美好的城市记忆，并持续焕发着新的活力与激情。海珠广场上下班的工作者、伫立电话亭边思乡的身影、仰望天空飞机掠过的外来工子女、茶楼中闲聚的“老友记”、榕树下喝着珠啤的三两小伙、上下九步行街逛街的外国人、王老吉凉茶铺的师傅等，交织成一个个独特的广州故事。地铁一号线开通、第一届中国进出口商品交易会（广交会）举办、赈灾义演、广船巨轮下水、中国大酒店建成、“小蛮腰”耸立在珠江之畔等，记录着一件件令人难以忘怀的广州大事。沙面、长堤、中山公园、黄埔港、白鹅潭、北京路、上下九步行街等传统城市历史人文景观，天河城、珠江新城、海心沙、南沙自贸区、大学城等新辟的商业、文化区域，形成了一个个既延续历史文脉，又充满活力的广州空间。

本单元以“忆”为主题，通过系列影像再现广州浓浓的市井烟火，再现绿色宜居的城市环境和新潮、重质的“广货”，再现广州特有的城市记忆和乡愁，再现广州风云变幻、日新月异的历史发展进程。

（二）主题诗

山与山的距离如面色一样凝重
一丛丛绿树是疑心脚步
另一种厌倦吧，生之累
地上牛皮拂之不去的尘灰
那个所谓远方像个诅咒
理想主义者为他自己打了零分
转身，无论是蛮横还是虚假
都被满脸虚浮打出整湖的水漂

一只灰鸟横着划过水面
扯动目光成长串问号
明天还会有人莅临这幸福山顶吗
云彩眼里的生活谁又一脚踏空

（作者：谭畅，广州市女作家协会副会长，花神诗歌节总召集人。）

（三）展品分类

展品分纪念事件、羊城风物、市井烟火三种类型。

1 纪念事件

▶ 黄汝广《军民鱼水情》（1976年）

这张摄于1976年的老照片，展现了在珠江泳场海军战士护送小孩渡江的场景。珠江是我们的母亲河。当年它给人们的印象是非常宽阔，乃至广州人称过江为“过海”。清澈的江水川流不息，在江上行船、洗衣、游泳，广州人早已习以为常。而最令人激动的，却是广州解放后几次横渡珠江活动。横渡珠江活动从20世纪30年代直到1976年共举行了16次，之后因为各种原因停办30年之久，2006年才得以复办。横渡珠江不单单是一项全民体育活动，更是一种人们征服大自然、适应国防需要的象征。1958年8月17日至19日，为了显示广州人民反对美英侵略西亚、保卫世界和平的决心，在珠江举行了“万人横渡珠江示威大会”，全程约800米，当时最小的横渡者是四岁十个月的女孩郑婉儿。第一个跳下水的是时任市委书记处书记、1981年任广州市政协主席的薛焰。

抓革命，促生产，促工作，促战备

▼ 黄汝广《检阅三军》（1981年）

这张老照片表现的是1981年广州大阅兵的场景。1981年9月14日，中央在华北地区举行了具有重要历史意义的、中华人民共和国成立以来规模最大的一次军事演习，并于演习后举行了举世瞩目的阅兵式、分列式。这次阅兵在国内外引起了强烈的反响，给中国人民带来了极大的鼓舞，对国际霸权主义者产生了一定的震慑作用。根据中央军委统一部署，为了展示原广州军区的实力，同时向南粤群众及港澳同胞展示我军威武之师的形象和保卫改革开放大好环境的决心。原广州军区于1981年10月1日在中山二路广州起义烈士陵园门前组织中国人民解放军驻广州地区陆、海、空三军部队举行了国庆阅兵仪式。受阅的部队共5100余人，各种大炮60门，岸舰、地空导弹10枚，共编成45个徒步方块和8个摩托化纵队。时任原广州军区司令员吴克华中将、政委王猛少将检阅部队。此次大阅兵是原广州军区在“对越自卫反击战”取得伟大胜利后的第一次胜利大阅兵，据1981年10月2日的《南方日报》报道，广州市各界群众及团体约20万人走上街头，现场观看了此次胜利大阅兵。

▲ 杨对荣《商客如云》（1986年）

这张老照片以全景广角表现1986年第六十届广交会开幕的场景。中国进出口商品交易会（The China Import and Export Fair，简称“广交会”）创办于1957年4月25日，每年春秋两季在广州举办，由商务部和广东省人民政府联合主办，中国对外贸易中心承办。岭南文化农商并重，广州自古以来是中国海内外商品集散地，商贸气息浓厚，被誉为千年商都。《商客如云》照片中广告牌林立，彩球飘扬，呈现出广州较其他内地城市更早兴起的商业与广告宣传意识，也将同处一个城市之下的两种不同社会阶层的群体，即参加广交会的来宾与等待工作的外来打工者摄入同一画面之中。这张照片既展示了广州的形象和发展成就，又体现了中国企业开拓国际市场的优质平台和中国对外开放的窗口、缩影和标志。

庆祝中华人民共和

▼ 黄汝广《祖国万岁》（1989年）

1989年，为庆祝中华人民共和国成立40周年，黄汝广在游园会上拍摄的照片《祖国万岁》中，佩戴红领巾的少先队员高举鲜花，充满活力的笑容荡漾在少年的脸上，庆祝这极具历史意义的一刻。

▼ 谢展程《广州地铁一号线开工典礼》（1993年）

谢展程在1993年广州地铁一号线开工典礼的现场拍下了当时的场景。广州地铁一号线是广州市第一条建成并投入运营的地铁线路，是中国国内第一条由地方政府自筹资金兴建的地铁[1]。广州地铁一号线西南至西塱站、东北至广州东站。从1965年5月，广州市进行第一次地铁规划与地质勘测[2]，至1993年广州地铁一号线准备动工建设，将近30年心血付出和进步，化作开幕庆典现场鲜亮的大红色背景。

1 黄小晶、李汉强、冯秋航：《广州当代大事纪略》，广州出版社，2018年，第161页。

2 《广州地铁发展历程》，载自 https://baike.baidu.com/reference/5185293/f522bbmawbZJMgNNicTDpoMf82NDU9No-420KQZ3gWvzbkZyYlSyES5yNrswOsmSL 1E-jzmOhu8odgCaAWKOZnHdFvE3QfE_kEHAavhauDX6（2010年9月29日）

▲ 魏晖《万人唱黄河》（1995年）

《万人唱黄河》拍摄于中国星海音乐周的演唱会现场。由15000人组成的群众合唱团演唱了《黄河大合唱》[1]，气壮山河之势仿佛就在耳边回荡。星海音乐厅以“人民音乐家”冼星海的名字命名，冼星海年少时在岭南大学（今中山大学）学习小提琴，与广州有着不解之缘。1995年正是冼星海90周年诞辰。为缅怀这位杰出的人民音乐家，并对群众进行爱国主义教育，中共广州市委、广州市人民政府和中央电视台于10月29日至11月2日在广州举办了主题为“中华之声，民族之魂”的首届中国星海音乐周。[2]本次音乐周由中央电视台现场直播，同时向80多个国家和地区进行放送。

1 广州年鉴编纂委员会：《广州年鉴1996》，广州年鉴出版社，1996年，第367页。

2 同上，第367页。

2 羊城风物

▶ 黄汝广《白鹅潭畔》（1983年）

白鹅潭是羊城八景之一。它是珠江流经广州最宽和水位最深的河面，自古以来就是广州对外通商的重要交通水道。它是环绕广州荔湾区沙面岛的珠江河面，是珠江三段河道的交汇处，此处上承西北两江之水，潮汐畅通、淤积不烈，河面宽阔浩渺、烟波荡漾，风景秀丽宜人。当时还没有无人机，这张照片应该是航拍照。从照片中可以看到当时白天鹅宾馆一枝独秀，矗立江边，周围还是一片平房。现在的白天鹅宾馆和沙面，已经是一个旅游拍照打卡点了。

▼ 林星《下班高峰》（1993年）

这张照片表现的是下班高峰时的海珠广场。1963年和1982年，海珠广场和广州解放纪念像以“珠海丹心”入选羊城新八景。这张照片拍摄于1993年，从中可以看到当时海珠广场附近和海珠桥上最多的不是汽车，而是自行车。当时广州被誉为“自行车之城”，市民主要的交通工具就是自行车。照片中远处我们也可以看到如沙龙香烟、卡夫食品等进口商品的广告牌，广州的商贸发达程度可见一斑。

▼ 黄汝广《红陵旭日》（1987年）

《红陵旭日》拍摄于广州起义烈士陵园（简称“烈士陵园”），摄影师高空俯拍园区景观，满目绿植青葱翠绿，突显了陵园的庄严肃穆。烈士陵园原名“红花岗”，是国民党反动派枪杀革命者的地方。该陵园建成于1954年，陵区的主体由正门、广场、陵墓大道、广州起义纪念碑和圆形的陵墓等构成。[1]东面的园林部分有人工湖，有董必武题字纪念周文雍和陈铁军在红花岗刑场举行婚礼的“血祭轩辕亭”以及“中苏人民血谊亭”“中朝人民血谊亭”等纪念建筑，还有辛亥革命红花岗四烈士墓和叶剑英纪念碑、墓。

1 刘平：《广州烈士陵园的发展变迁》，华南理工大学，硕士学位论文，2011年。

3 市井烟火

▼ 黄汝广《广州早茶》（1989年）

这张体现广州市井烟火气息的照片是摄影家于1989年在陶陶居拍摄的。陶陶居是中华老字号、国家特级酒家。从照片中可以看出从环境到客人的衣着打扮都有一定讲究。说到岭南地区博大精深的饮食文化，广府饮茶习俗可谓广府群众参与度最高、影响最广泛的生活习俗之一。1925年至1926年期间，毛泽东曾在广州任国民党中央宣传部代理部长，主编《政治周报》，主办第六届农民运动讲习所。其间与柳亚子交往。他在《七律·和柳亚子先生》一诗中就说道："粤海饮茶未能忘。"可见他对广府饮茶习俗印象深刻。此外，康有为、孙中山、鲁迅、许广平、郭沫若等无数近代文化名人都曾在广州饮茶并为之倾倒，留下一段段脍炙人口的人文佳话。许广平就说："在广州，我们也时常到专门的茶室去吃茶点，那些点心真精致，小巧，并不太饱，茶又清香，都很合口味。而生活除了教书之外，着实单薄，遇到朋友，就不期然地也会相约去饮茶了。"郭沫若也说："北园饮早茶，仿佛如到家。瞬息出国门，归来再饮茶。"

◀ 林星《风雨红棉亭》（1998年）

1994年4月，一座红色的电话亭设立在广州火车站广场，人们亲昵地称它为“红棉亭”。红棉亭是20世纪90年代广州市政协为大龄下岗失业人员和残疾人创造就业机会所倡议设立的。红棉亭像花瓣一样分了几个小窗口，分别放置一部电话。第一代红棉亭虽然没有丰富的功能，却能在不到一年时间内，在全市内数量增加到50座，给广州市民及游客带来极大方便。正如其管理中心总经理所说：“曾经是全国20多个城市学习和借鉴的榜样，可以说已成广州的一个品牌。”当时，市民对红棉亭的需求颇大，加速了它的更新进程，1996年，第三代红棉亭加装了无人值守的IC卡电话机。到了2002年，第四代红棉亭已经集合了电话通信、零售等功能。后来由于手机的普及和电话亭自身的局限性，最终消失于2007年，曾代表着广州文化元素的红棉亭，给广州留下一抹鲜艳的回忆。

▶ 黄汝广《送书下乡》（1978年）

这张老照片表现的是1978年新华书店职工送书到广州郊区石牌村的瞬间。广州石牌村是广州地域最大也是历史最长的城中村，位于繁华的天河区中部，原由由村民宅基地扩展起来的密集建筑群（被称为“接吻楼”）及部分自留地构成。1978年改革开放后至1996年，石牌村的农田已基本被征用完毕，只剩下村民居住地及少量留用地。现在石牌村已是一派高楼林立，繁华热闹的景象了。

▲ 黄汝广《赤脚医生》（1971年）

1958年以后，随着“人民公社”的发展，农村基层卫生网逐步形成，培养发展了一支半农半医、被称为“赤脚医生”（现名“乡村医生”）的庞大农村卫生队伍。合作医疗的鼎盛时期，全国农村拥有“赤脚医生”180多万人，卫生员350万人，接生员70万人，远远超过当时卫生部的卫生人力总量。[1]照片拍摄了原从化县温泉公社中田大队赤脚医生上山采药的场景。在医疗卫生、医疗资金都相对匮乏的年代，赤脚医生的出现很大程度上满足了农村居民的医疗需求。他们为人民群众做出了巨大贡献，功不可没。但是，随着时代的快速变迁和科技发展的日新月异，规范化的医院和医科大学逐渐走进了人们的生活，“赤脚医生”如今活在了人们的记忆里。

1 张开宁：《从赤脚医生到乡村医生》，云南人民出版社，2002年，第16页。

（四）陈列装置

1. 分割空间的摄影作品垂纱（12幅）

黄汝广《军民鱼水情》、黄汝广《白鹅潭畔》、黄汝广《广州早茶》、杨对荣《摘荔枝时节》、杨对荣《商客如云》、黄汝广《送书下乡》、黄汝广《挥毫》、魏晖《空姐选美》、魏晖《万人唱黄河》、魏晖《外来工过年》、黄汝广《大民警与小民警》、黄汝广《儿童节快乐》。

2. 方柱形立体文学作品装置（1件）

节录刘斯奋《广州赋》三段。其一："古之楚庭，今号穗城，二千年之华夏名都，广州居岭表而峥嵘。地滨南海，秦皇一统宇内而开郡；中原逐鹿，赵佗割据百越以称雄。其后九州复合，梅岭路通。移民土著，交往频密；南北文化，汇聚相融。遂使勃勃生机，涌动于炎方热土；蓬蓬活力，创业于往古来今。"其二："广州之民，遇亘古未有之良机，负披荆斩棘之使命，倚得天独厚之地利，持务实求真之秉性，义无返（反）顾，奋身先行。三十年间，经济腾飞，社会巨变，奇迹屡创，鹏举青冥。"其三："广州今之市面也，连云新筑，望衡接（对）宇；八达通衢，入地盘空。滚滚车流如回翔雁阵，夜以继日；熠熠商场似琼楼玉宇，生意兴隆。琴棋书画，活跃社区文化；舞衫歌扇，繁荣艺术之宫。酒楼食肆遍于街巷，通宵达旦，无愧食在广州之美誉；姹紫嫣红百卉竞秀，四季不殊，尽显花城南国之情浓。"

三 "花"之章

（一）主题文

花是广州的城市符号和文化意象。

地处北回归线以南，亚热带季风湿润气候以及珠江环绕的优越地理条件，使得广州一年四季草木常绿、繁花盛开，有"花城"的美誉。烈士陵园的木棉、沙面的古榕、香雪公园的梅花、兰圃的兰花、石门的禾雀花、汀塘的油菜花、临江大道的凤凰木和簕杜鹃、流溪河的红叶、华南植物园的水松，以及"花地湾""英雄花""花市"等以花来命名、寄意的称谓或以花为衣食的行业，处处显现出广州的自然生态景观和历史人文情结。新时代新征程，广州在生态文明建设与城市化发展日益协调的当下，广州塔和珠江上的节日烟花、西湖夜市的不眠灯火、财富论坛主会场的耀眼光芒，又处处显现出这座花一般的城市“万花光射满城红”的富足与繁华。

本单元以“花”为主题，通过系列影像展现广州绿色、美丽、繁华的城市色彩，展现广州人“壮气高冠何落落”的英雄血脉，展现为广州生态文明建设付出艰辛汗水的“植树护花使者”的奉献精神。

（二）主题诗

水晕攀上朱红花墙
纹出灰黑色莲痕
墙下的人十指覆面仰头望天
一朵闲云走过
另一朵含笑不语
紫荆醉成沉甸甸艳红
在草地上撒野
痴笑兰花娇贵模样
木棉树独把叶子开遍全身
时光清澈，风懒洋洋吹过
墨绿叮当恣肆岭南山野

（作者：谭畅，广州市女作家协会副会长，花神诗歌节总召集人。）

（三）展品分类

展品分花海绿天、繁华盛景两种类型。

▼ 郑迅《红棉盛开农讲所》（2017年）

广州农民运动讲习所（“农讲所”）旧址，原是“番禺学宫”（孔庙），始建于明洪武三年（1370年）。这张老照片表现的是以农讲所的中轴线为中心，两旁盛开的木棉花。木棉花深红的花团与深绿的叶子交相辉映如同夏日烟火般绚丽，正如鲁迅来广州时说的“广州是深绿和深红”[1]的印象描述。

1 鲁迅：《鲁迅全集》，江苏凤凰文艺出版社，2020年。

▼ 郑树强《新滘立交上的簕杜鹃》（2015年）

这是一张“网红”照，在各大网站上经常可以看到。画面中交错的立交路线有节奏地分割着画面，周围簕杜鹃的紫色和树木的绿色构成了画面的主要色调。立交桥上的簕杜鹃是广州的一道城市风景线。2003年，广州市园科院提出了“桥体绿化”概念，在众多花种中选出了簕杜鹃。当时簕杜鹃只是“两季开花，三季常绿”的花期，经过多年努力，现在已培育出“四季开花，四季常绿”的花期，广州在生态文明建设上依然在不断努力。

▲ 廖宁《凤凰花开耀羊城》（2020年）

凤凰木取名源于“叶如飞凰之羽，花若丹凤之冠”。[1]凤凰花和木棉一样，绽放之时毫无保留，一大片火红的鲜花热烈而奔放，红花与绿叶形成鲜明的色彩对比，给人强烈而浓郁的视觉冲击。摄影师高空俯拍更将美景尽收眼底。照片里白云大道绵绵向前延伸，凤凰花的美景也随之一路延伸。

1 陈卫国：《深圳凤凰木景观》，《广东园林》2016年第3期。

▼ 杨对荣《老榕树下打卡点》（2022年）

▼ 杨对荣《老榕婆娑荫南粤》（2022年）

杨对荣的《老榕树下打卡点》和《老榕婆娑荫南粤》分别拍摄番禺大夫山和麓湖的大榕树。俗话说“独木不成林”，偏偏大榕树便可以“独木成林”，一棵大榕树就可以为炎炎夏日带来大面积的乘凉绿荫。榕树喜热耐晒，是热带和亚热带的标志性植物，因此主要分布在我国南方，北方极为少见。大榕树非常容易栽培生长，它垂下的无数气根栽种到地上，又可以长成新的树干。榕树枝繁叶茂，可遮阴蔽日，树下大面积的绿荫是夏日人们休闲纳凉的好去处。广州的夏季漫长而炎热，大榕树的陪伴是每个人成长中不可磨灭的一部分。榕树四季常青，故而得名大青树。大榕树蓬勃顽强的生命力和欣欣向荣之势，亦如木棉，是广州人所追求和推崇的。

▲ 廖衍强《花城木棉红》（2011年）

2011年，廖衍强拍摄了名为《花城木棉红》的作品。摄影师拍摄木棉花的作品不在少数，这次摄影师的目光聚焦在一朵盛放的木棉花上，花蕊及五朵花瓣都清晰可见。

◀ 郑雪梅《晚秋》（2021年）

2021年，郑雪梅于华南植物园拍摄了作品《晚秋》。南国的绿植即便在秋冬季节也不会像北方的绿植那样“秋风扫落叶”，大榕树金黄色的叶子满是枝头，正是掩盖不了的浓浓晚秋之意。

▼ 陈宝亨《沙面之晨》（2011年）

2011年，陈宝亨拍摄了作品《沙面之晨》。清晨的阳光透过浓郁的树荫，以绽放的鲜花为伴，人们在此美景之下晨练，唤醒清晨的身体。

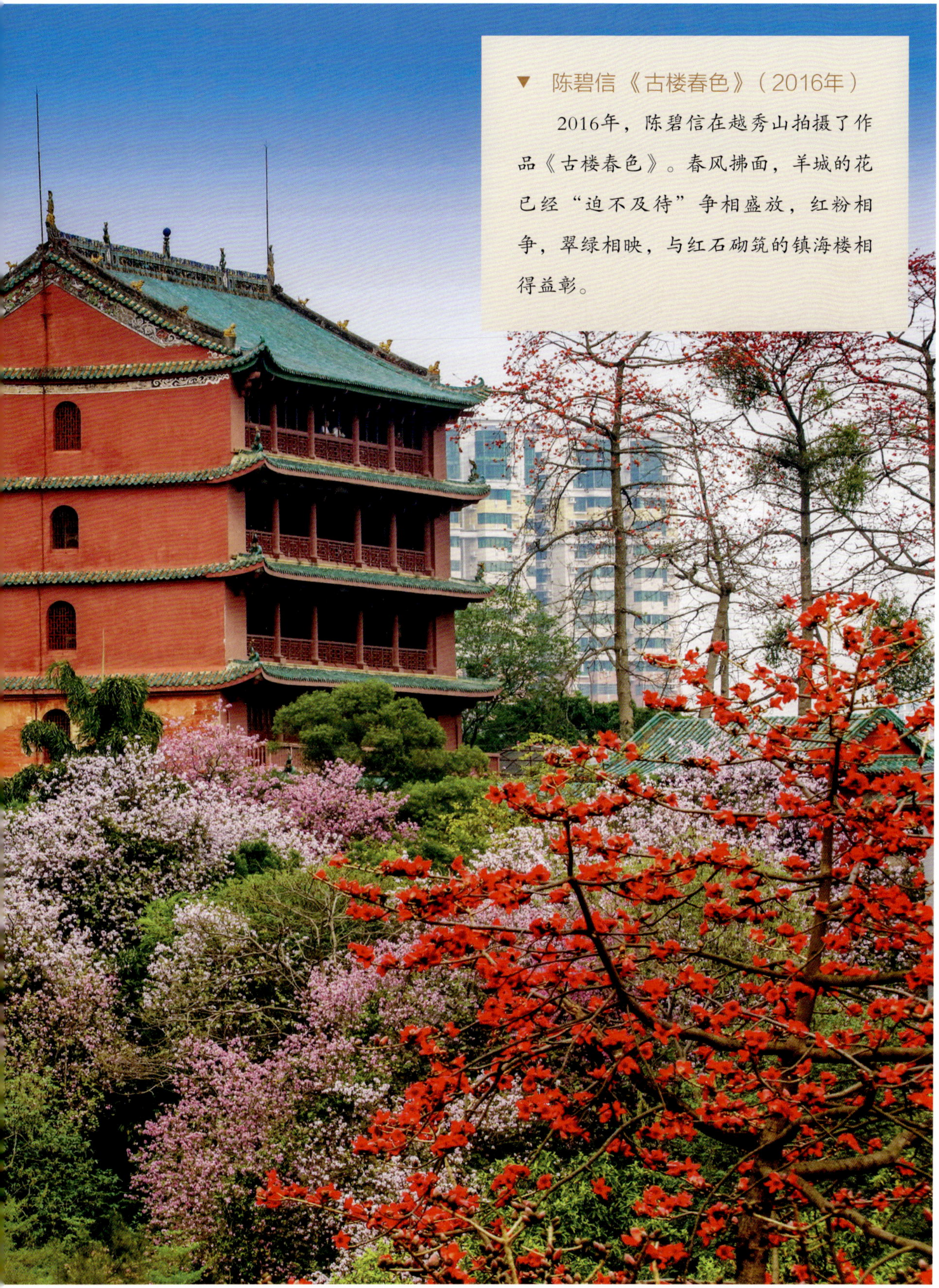

▼ 陈碧信《古楼春色》（2016年）

2016年，陈碧信在越秀山拍摄了作品《古楼春色》。春风拂面，羊城的花已经“迫不及待”争相盛放，红粉相争，翠绿相映，与红石砌筑的镇海楼相得益彰。

▼ 张永林《花城新客厅》（2021年）

2021年，张永林拍摄了作品《花城新客厅》，地点在麓湖公园。摄影师高空俯拍，红色鲜亮的人行步道、满目碧绿的乔灌木与夕阳交相辉映，一派生机盎然的景象。

▶ 陈纪萱《英雄辈出》

陈纪萱的这幅木棉花作品《英雄辈出》中，盛放的红棉傲然立于枝头，五朵花瓣紧密相依偎，蓄势盛放的花骨朵簇拥着绽放的花朵，呼应了它的名称“英雄辈出”。

▲ 杨锦华《2017〈财富〉全球论坛主会场》(2017年)

2017年12月6日至8日,《财富》全球论坛于广州举行,论坛分为三个主要会场:香格里拉大酒店、广州塔、中山纪念堂,这张照片表现的是中山纪念堂的场景。中山纪念堂是《财富》全球论坛组织方宴请宾客的会场,由于是在户外举办晚宴,论坛组织方以光彩夺目、灯光四射的视觉氛围惊艳迎宾客。

WISBY PACIFIC

◀ 蓝远峰《广船白鹤洞船台最后一条巨轮下水》（2017年）

2017年，蓝远峰拍摄了《广船白鹤洞船台最后一条巨轮下水》。彩带飘扬，始建于20世纪50年代的广船国际荔湾厂区1号船台迎来了它的最后一艘新船下水。

◀ 廖宁《百年盛事》（2010年）

廖宁拍摄的《百年盛事》，此时正庆祝2010年11月第16届亚运会顺利举办，开幕式的烟花在广州的夜幕中璀璨绽放。第16届亚运会焰火的组合方式、布局、点火节奏与传统燃放方式完全不同。本次烟花是在珠江边低空一路放过来，打出探照灯的感觉。[1]猎德大桥的烟花同海心沙、电视塔造型焰火为一系列，表现出大船启航的壮丽景象。[2]猎德大桥和珠江南岸的彩虹烛光花束制造出城市行为艺术景观，美丽的烟花展示出广州城市面貌，这些都充分展现了广州人民欢庆亚运会开幕的热烈气氛。

1 宁肖周：《筑梦海心沙》，花城出版社，2011年，第129-130页。

2 公安部治安管理局：《大型焰火燃放技术与安全》，北京理工大学出版社，2014年，第151页。

▼ 郭永朝《珠江红》（2019年）

舞动的红色，璀璨的灯光；珠江两岸闪耀着“中国红”，“巨幅国旗、时代画卷”齐齐向祖国表白。仲秋的夜晚，轻拂的微风；历史和未来在“两轴”之间辉映，广州之夜照耀着大湾区。2019年9月25日晚，“我爱你中国”庆祝中华人民共和国成立70周年灯光秀在广州的“一江两岸三带”上演。珠江见证了广州勇于改革、开放创新的时代精神，城市中轴线的变迁激励着广州这座老城砥砺前行并不断迸发新的活力。

（四）陈列装置

1. 分割空间的摄影作品垂纱（1幅）

杨对荣《老榕婆娑荫南粤》

2. 立体文学作品装置（4件）

老舍《春来忆广州》：“哎呀！真是了不起的好地方！人极热情，花似乎也热情！大街小巷，院里墙头，百花齐放，欢迎客人，真是‘交友看花在广州’啊！”“真羡慕广州的朋友们，院里院外，四季有花，而且是多么出色的花呀！白玉兰高达数丈，干子比我的腰还粗！英雄气概的木棉，昂首天外，开满大红花，何等气势！就连普通的花儿，四季海棠与绣球什么的，也特别壮实，叶茂花繁，花小而气魄不小！看，在冬天，窗外还有结实累累的木瓜呀！真没法儿比！一想起花木，也就更想念朋友们！朋友们，快作几首诗来吧，你们的环境是充满了诗意的呀！”[1]

余秋雨《广州》：“这些繁花将奔入各家各户，人们在花丛中斟酒祝福。我觉得，比至于全国其他地方，广州人更有权利说一句：春节来了！”[2]

于右任《咏木棉》：“海市喧阗日正中，万花光射满城红。参天秀出英雄树，高揖群伦惯受风。”[3]

秦牧《榕树的美髯》：“松树使人想起志士，芭蕉使人想起美人，修竹使人想起隐者，槐树之类的大树使人想起将军。而这些老榕树呢，它们使人想起智慧、慈祥、稳重而又饱历沧桑的老人。”[4]

3. 文学作品展墙

郭沫若《在广州游花市》（郭沫若自注：本只四句，后凑成七律）诗：“金桔（橘）满街松满市，牡丹含艳桂含香。墨兰簇簇青锋剑，玫瑰团团白玉堂。爆竹轰鸣声动地，电台播送夜增光。游人手把花成束，迎得春风上面庞。”

朱德《和郭沫若同志〈春节游广州花市 〉》：“百花齐放遍城乡，灿烂花光红满

---

1 广州文史研究馆：《羊城风华录（续）——当代中外作家笔下的广州》，花城出版社，2008年，第12-13页。

2 余秋雨：《文化苦旅》，长江文艺出版社，2014年。

3 权海帆：《于右任诗词集解》，世界图书出版西安有限公司，2019年，第105页。

4 蔡烽、王应生：《晨读美文·新课程初中语文读本（第一辑）》，崇文书局，2011年，第103页。

堂。更有心花开得好，一年转变万年香。”

林伯渠《春节看花市》：“迈街相约看花市，却倚骑楼似画廊。束立盆栽成列队，草株木本斗芬芳。通宵灯火人如织，一派歌声喜欲狂。正是今年风景美，千红万紫报春光。”

董必武《用林老春节看花市题为首句》：“春节看花市，今年胜往年。四时百卉备，万众一心连。跃进皆称大，欢娱不羡仙。安排好生产，争取上游先。”

陈毅《广州花市》：“去年花市好，不与往年同。今年花更好，为见开门红。华灯照不夜，歌声喜欲狂。人人争买花，忙煞卖花郎。花市过午夜，春浓风更吹。攘攘人百万，个个买花归。来年花更好，建设亦相同。旖旎春如锦，看花人更红。”

说明：说到花，就一定要提广州的花市。据了解，广州花市有着上千年的历史，它始于五代十国时期的南汉，时称“花圩”。明末清初屈大均《广东新语》曾载，明代五羊门（今黄沙后道谊园处）对岸有称花渡头者，“广州花贩载花入城，从此上舟”。清咸丰、同治以来，这一传统逐渐发展成为年宵花市，是广州人年三十晚的重要节目。这里展示的是五首第一代党和国家领导人游广州花市的诗。1959年春节前夕，董必武、朱德、林伯渠、郭沫若等领导人曾经结伴同游西湖路花市。郭沫若首先作《在广州游花市》，朱德随即作《和郭沫若同志〈春节游广州花市〉》，林伯渠也和诗《春节看花市》，董必武读林伯渠诗后，也作了一首《用林老春节看花市题为首句》。1966年，陈毅也在游广州花市时写下《广州花市》。从前五首诗的关注点来看，各不相同。郭沫若和林伯渠的诗以描写热闹的花市场景为主，朱德的诗则运用双关的手法，既描写了广州花市各种鲜花竞相开放的场景，又一语双关地对当时文艺、政治形势进行了乐观展望。“更有心花开得好，一年转变万年香。”这里的“心花”，大概指的是人们思想意识的改变。“一年转变万年香”，明显具有象征意味，乃是作者为人们摒弃旧意识、旧思想、旧行为，“弃旧换新”，大加欢呼。十四年后，董必武又作一首《一九七三年羊城重开花市》云：“除夕在羊城，重临盛会新。四时花似锦，万众面皆春。锣鼓喧霄汉，云霞出海滨。南邻庆胜利，举酒送瘟神。”同样跳出了纯粹的写景与赞美，运用了双关的手法，在创作上显示出作者自己的个性。另外，董必武最后的“安排好生产，力争上游先”也是以口号式的结尾，提升了诗句的政治高度。

四 “城”之章

（一）主题文

广州是一座与水息息相关的、高度现代化的“城”。

广州是我国唯一历代相沿、长久不衰的对外贸易口岸，更是“海上丝绸之路”的重要起点之一。得天独厚的港口条件与无数大大小小的江河湖海，使广州经济、文化和城市建设都能在“水”的丰厚滋养下发展。水与城的交融，造就了广州人的温润、灵秀与包容；造就了广州长宜的风物和繁杂的花卉、绿植；造就了珠江两岸纵横交错的公路与大桥、巍峨俯瞰的广州塔、五光十色的历史建筑与现代化高楼等人文景观，描绘出丰富多维的城市版图；还造就了广州的国际化色彩与开放基因，使广州在改革的浪潮中，经济、文化、科技、城市建设高速发展，逐步成为我国最重要的枢纽门户和中心城市之一。

本单元以“城”为主题，通过系列影像呈现广州水系生态的自然美与新旧城市景观的形式美，呈现广州开放的、国际化的城市精神，呈现广州贯彻新发展理念、推动城市建设高质量发展的卓著成效。

（二）主题诗

广州好。
城在海山间。
自古远烟平似水，从来高树暗如山。
万木郁云闲。

（作者：刘释之，广东岭南诗书画研究院副院长，广东中华诗词学会常务理事。）

（三）展品分类

展品分云山珠水、城市空间两种类型。

▲ 余华越《广州最美乡村》（2014年）

广州市从化区正处在北回归线上，森林覆盖率高达68.8%，拥有两个国家森林公园和丰富的地热温泉资源，是珠三角最宜居的生态城市之一。位于从化区良口镇东三部的溪头村，则有广州最美乡村之称。村子

依然保留着原来古朴的黄泥房子，可看到从化客家人的民俗风情。远处的青山和金色的光辉形成清晰的分界线，光影笼罩着村落和民居，一派祥和静谧的景象。

▲ 唐谭敏《彩蝶辉映广州夜》（2016年）

《彩蝶辉映广州夜》是2016年春节花城广场灯光音乐会期间，唐谭敏拍摄的专门为音乐会打造的“彩蝶”。五彩斑斓的“彩蝶”在广州塔下“翩翩起舞”。

◀ 杨艺《霓虹粤韵黄昏时》（2016年）

2016年，杨艺立足于番禺自南朝北拍摄了《霓虹粤韵黄昏时》，将新光大桥、崛起的珠江新城尽收眼底。夜幕降临，霓虹闪耀，姹紫嫣红的浮云下的广州城更加美丽。

▲ 陈汉添《吕田仙境》（2020年）

吕田镇位于广州从化的最北部，毗邻新丰、龙门，境内绿色资源丰富，森林覆盖率高达84%，是天然氧吧和生态胜地。这里是流溪河的源头，也是从化的北大门，105国道和大广高速贯穿全镇南北，交通便利。纵览从化区的山水云田，真正实现了人与自然和谐共生。

▲ 李汉标《黄埔港区》（2022年）

这张照片以俯视的广角镜头记录了黄埔港清晨的美景。黄埔港始建于1936年，是广州的外港，位于广州市东南侧珠江口内，距市中心15千米，航道水深9米，距香港约163千米，巨轮不绝，帆樯如云。照片整体呈现出金黄色的色调，右边是高楼耸立的城市空间和秩序井然的集装箱群，左边是洒落着阳光的珠江，波光粼粼的江面上点缀着几艘货轮，驶向前方。

▲ 陈碧信《晨曦中的海心桥》（2021年）

广州海心沙是位于广州市珠江内的江心沙洲，在珠江北主航道上，原是珠江边上一个名不见经传的小岛，自2010年被选作第16届亚运会开、闭幕式主会场后，蜚声海内外。它背靠广州“新中轴线”花城广场，隔江与“小蛮腰”（广州塔）相望，地理位置得天独厚，成为“城市新名片”。小岛上游为二沙岛与广州大桥，下游不远处是猎德大桥，南部为珠江河心岛海珠岛，被视为珠江新城的画龙之“睛”。这里四面环水，浓荫覆盖，繁华取幽，可谓“清水出芙蓉，天然去雕饰”。岛上还保留着主看台、四面“风帆”等亚运会遗迹。海心桥由中国工程院院士、华南理工大学建筑设计研究院首席总建筑师何镜堂亲手打造，桥形设计植根岭南文化，造型概念来自“琴鸣绢舞、岭南花舟”，将桥梁完美地融入广州中轴线步行系统。

▼ 张永林《彩虹视窗》（2020年）

二沙岛的原名为沙田、二沙头，是珠江广州河段一个珠水环岛而过的沙洲。二沙岛于清朝形成，因地处珠江扩张段，此处的水流速度慢，也是沙河的出口，河沙淤积在此，慢慢形成了现在的二沙岛。在这里走的每一步，都能感受到广州面向广大市民开放的各种公共空间和文化艺术景观所形成的休闲氛围，诸如具备现代风情的星海音乐厅、广东美术馆。还有高档的生活住宅小区和体育训练基地在这片绿地中慢慢筑起。二沙岛的各处都散布着各种各样的雕塑作品，充满了艺术的气息，在这里不仅可以感受到别样休闲安宁的气氛，还给予人们一种沉静安稳的归属感。

1987年11月20日至12月5日，第六届全国运动会在广州举办。为助力全国运动会的顺利举行，1984年7月4日，广东省人民政府、广州市人民政府在广州天河机场原址上兴建广州天河体育中心。从照片《天河今非昔比》中可以看到，20世纪80年代，天河体育中心周边一片荒凉的景象，广场内的黄色土壤和道路两侧的绿色农田错落分布。弹指一挥间，在《新的天河在崛起》中，田径足球场马鞍形的轮廓清晰流畅，六角形的体育馆也在照片中清晰呈现。纵观体育馆周边已经是翻天覆地的变化，曾经绿色的农田取而代之的是现代的建筑群，一派繁荣昌盛的景象。30年来，天河体育中心直接带动了天河区的整体发展，其周边逐渐形成闻名全国的天河商圈，“天体”（天河体育中心）也成为广州城市新中轴线上的璀璨明珠。

▼ 黄汝广《天河今非昔比》（1987年）

▼ 黄汝广《新的天河在崛起》（2017年）

▲ 梁文生《云上看广州》（2019年）

好一幅《云上看广州》，风起云涌、浮云升腾，瑰丽璀璨的广州城在白云的映照下别有一番韵味。照片运用开阔的广角镜头高空俯拍，以广州塔—海心沙—CBD珠江新城为照片的中心沿江辐射开来，珠江两岸的美景尽收眼底，美不胜收。广州最具代表性的第一高楼东塔、第二高楼西塔、七彩斑斓的广州塔、匠心独运的海心沙、遥遥相望的猎德大桥和广州大桥，遥相呼应，勾勒出广州城市迷人天际线的标志性风景。

▲ 黄宇菁《黄昏下的白云国际机场》（2017年）

这张照片以长曝光来表现2004年8月5日正式投入运营的广州新白云国际机场夜景。广州白云国际机场始建于20世纪30年代，是国内三大航空枢纽机场之一，在中国民用机场布局中具有举足轻重的地位。照片整体冷色调，上下分割成两大块，左上角是由淡黄色向蓝紫色渐变的星空和刚起飞的客机，下面和右下角是航站楼门前的机动车道。机动车道那一条条如梦幻般的黄色弧线，在造型上与航站楼钢铁结构中交错的线条相呼应，充满动感又与刚起飞的客机相呼应，极具美感。

▼ 陈碧信《腾飞的琶洲国际会展中心》（2001年）

照片中裸露的钢筋铁骨仿佛是这个建筑的骨骼和脉络，整个建筑物的内部架构在人们视线前一览无余，建设项目正如火如荼地推进当中。虽然施工尚未完成，但是整体的造型却呼之欲出，那便是琶洲国际会展中心，即中国进出口商品交易会琶洲展馆（简称“琶洲国际会展中心”）。位于琶洲岛的琶洲国际会展中心与珠江新城、赤岗领事馆区等相邻而建，谁也不曾想在2002年底建成正式投入使用后，广州的会展迎来了一个爆发期。

▶ 陈金良《粤港澳大湾区重要连接通道南沙明珠湾大桥火热建设中》（2020年）

2020年，陈金良拍摄了《粤港澳大湾区重要连接通道南沙明珠湾大桥火热建设中》。南沙明珠湾大桥是粤港澳大湾区的重要连接通道，在大湾区成长发展中的重要地位不言而喻。

中国大酒店位于市区流花路与解放北路相交处西南侧，西邻东方宾馆，是中外合作、具有先进设备的多功能现代化五星级酒店。1980年11月动工，1984年11月竣工。酒店占地面积约为1.96万平方米，建筑面积约为15.9万平方米。主楼高达19层，62米。中国大酒店宏伟壮观，融西方现代建筑艺术和我国民族特色为一体。外观设计具有中国建筑传统格调，糅合现代设计手法，气势庄重大方。结构设计采用了箱式基础、钢筋混凝土双向大楼板和入口悬臂楼外挑10米等多项新技术。其兴建不仅引进了诸多先进施工经验，其运营还引进了国际一流水平的酒店经营管理方法，首次引进电脑管理技术，是中国第一家利用外资、聘用外国人任总经理的中外合作企业。建成后的中国大酒店，由高级酒店、商业大厦、住宅大楼三个部分组成。1990年被评为全国首批五星级酒店。

▲ 黄汝广《广州移山建中国大酒店》（1983年）

▲ 黄汝广《中国大酒店灯火辉煌》（1996年）

（四）陈列装置

1. 分割空间的摄影作品垂纱（1幅）

杨艺《霓虹粤韵黄昏时》

2. 方柱形立体文学作品装置（4件）

易中天《读城记·广州市》："广州市很活很活。广州的活力让人惊异。用'生猛鲜活'四个字来概括广州，应该说是恰如其分的。如果说，北京的风格是'大气醇和'，上海的风格是'开阔雅致'，厦门的风格是'美丽温馨'，成都的风格是'洒脱闲适'，那么，广州的风格就是'生猛鲜活'。广州是一个不知疲倦、没有夜晚的城市。一年四季，一天二十四小时，都保持着旺盛的生命活力。"[1]

巴金《广州二月记》："不记得从什么时候起，我的脑筋里就被印上了'广州'这两个字，我知道在中国的南部有这么一个城市，那是阳光常照的地方。广州是一个温暖的城市，假若我们爱春天爱太阳的话，那么广州还是一个值得我们流连的地方。"[2]

巴金《海珠桥》："河南同河北虽然中间只隔了一条珠江，却是不同的两个世界。从前没有桥的时候，人就靠着篷船和电船往来两岸。如今却有一座大桥把这两个不同的世界连接起来了。这就是新建成的海珠桥。我在中国都市里见过的铁桥，这算是最大的一座了。……我也挤进人丛中去。我走到栏杆旁边，我埋头看下面的珠江。夜里的水面是平静的，依旧是那几排木船泊在下面，没有亮，没有声音，大概人已经睡了。沿着长堤一带也泊了许多只船，那些船都是醒着的，我看见它们在眨眼。船上的姑娘这时候正站在长堤上，娇声软语地呼唤客人。……我回到机器总工会，站在三楼走廊上，望远镜拿在手里，我在眺望广州市的夜景。"[3]

鲁迅《在钟楼上（夜记之二）》："倘说中国是一幅画出的不类人间的图，则各省的图样实无不同，差异的只在所用的颜色。黄河以北的几省，是黄色和灰色画的，江浙是淡墨和淡绿，厦门是淡红和灰色，广州是深绿和深红。我那时觉得似乎其实未曾游行，所以也没有特别的骂詈之辞，要专一倾注在素馨和香蕉上。——但这也许是后来的回忆的感觉，那时其实是还没有如此分明的。"[4]

1 易中天：《读城记》，上海文艺出版社，2006年。

2 杨柳：《羊城后视镜》，花城出版社，2017年。

3 广州市文史研究馆：《羊城风华录——历代中外名人笔下的广州》，花城出版社，2006年。

4 鲁迅：《鲁迅散文集·朝花夕拾》，中国商业出版社，2018年。

五 “情”之章

（一）主题文

为人先、英雄气与市井化，是广州人的性情特点。

身处近代革命的策源地，广州人为革命事业前仆后继、毁家纾难，写下了可歌可泣的壮丽史诗；身处对外开放前沿，广州人率先嗅到时代的变化，为社会主义建设添砖加瓦，打开了城市高速发展的新格局；身处中国南方的沿海城市，广州人抚拂在海风中，豁达乐观地享受着最好的时代。在这个意义上说，广州人有着红色的基因，有着包容的胸怀，有着务实的精神。粤剧、疍家、舞狮、烧鹅、广州马拉松、荔枝……是“广味”，是“粤情”；老兵绣红旗、青年教师讲党史、艺术家描绘大好河山……是大爱，是豪情；城市的美容师、幸福和谐的家人、勤劳忙碌的行人……是生活，是温情。

影像是自我的印迹。本单元以“情”为主题，通过系列影像映现广州的风土人情与生活习俗，映现广州人对党和国家的情感，映现普通百姓家的柴米油盐和日常喜乐。

（二）主题诗

有一座花园将我照亮，
你们是花散发出清香。
你们的语言就是花粉，
落到别人的心上，
叫醒那睡着的种子。

花开了，
眼睛就发光。
你们就是那花园，
满天星月在心中歌唱。

（作者：邱伟杰，南京大学美学与文化传播研究中心研究员，浙江省金华广播电视大学特聘教授。）

（三）展品分类

展品分为豪情大爱、日常喜乐两种类型。

▲ 李文启《一曲荔枝颂》（2000年）

这是李文启2000年拍摄《一曲荔枝颂》的舞台现场，粤剧艺术家红线女婉转流畅的唱腔唱出了岭南佳果的清冽甘甜，更是唱出了卖荔枝的姑娘对家乡的自豪和骄傲。歌曲的演唱者“红线女”，原名邝健廉，自成一派创制“红腔”，尤以声音、唱腔见长。她的音质亮丽、醇厚、圆润，富有张力弹性，能刚能柔、刚柔相济；其音域特别宽广，既可低吟浅唱，又可引吭高歌，说她一记强音可响彻云天，绝不夸张。[1]1957年8月，红线女凭借《昭君出塞》《荔枝颂》两首粤曲参加莫斯科第六届世界青年与学生和平友谊联欢节，获得了该比赛的金质奖章，为国争了光。红线女被周恩来总理赞誉为“南国红豆”，在2009年获首届“中国戏剧终身成就奖”。

1 黄日进：《岭南广东音乐艺术特色阐释》，福建教育出版社，2017年，第216页。

◀ 张永林《沸腾的体育场》（2013年）

2013年11月9日，张永林在天河体育中心拍摄了《沸腾的体育场》。当晚正值2013年亚足联冠军联赛决赛最后一个回合。本次决赛实行两回合的较量来决定冠军的归属，第一回合在2013年10月26日，第二回合在2013年11月9日，由中国的广州恒大足球俱乐部对战韩国的首尔FC足球俱乐部。现场的球迷们身穿红色的球服支持广州恒大足球俱乐部，足球场上宛若一片红色的海洋。最终广州恒大夺冠，球迷们振臂高呼，现场沸腾热烈的气氛仿佛能冲出照片，欢呼的声浪在耳边不停地回响。运动健儿为国争光，广州恒大的夺冠之夜也是不少国人的不眠之夜。

◀ 郑雪明《猎德春宴》（2017年）

2017年，郑雪明拍摄了《猎德春宴》。猎德春宴从2009年猎德村完成改造、祠堂新建之后便开办，从农历正月初十到元宵节，村里按不同姓氏举办宗亲宴，数千人同吃春宴，场面十分壮观。

▼ 李庆华《奔向都市之巅》（2018年）

史料记载，春秋战国时期，龙舟竞渡盛行于吴国、越国、楚国。南汉时，广州已有端午扒龙舟的记载。至今，广州南越王博物院还收藏着“船纹铜提筒”，描绘了岭南越人祭祀水神的仪式。明清时期，广东官方和民间的端午节赛龙舟活动已很普遍，岭南文人这样描写当时龙舟竞渡的盛况：“粤人习海，竞渡角胜，而大舟比常制犹异，十余年始一举。船广可三丈，长五之。龙首至尾，金光夺目，迭彩如层楼……”（出自明朝的《天山草堂集》）。

说到广州龙舟，就不得不提“车陂龙舟景”。2022年4月，“车陂龙舟景”以民俗项目列入省级非物质文化遗产代表性项目名录扩展项目名录之中。龙舟文化与祠堂文化的融合是车陂龙舟最大的特色。在车陂，扒龙舟并非单纯的民间竞技，而是联结宗族文化和感情的纽带。人们在竞斗夺冠中团结奋进、为族争光，在游龙探亲中延续传统、凝聚情感。

▲ 范明《新业态》（2018年）

在广州，网络平台经济、共享经济的蓬勃发展，孕育出丰富的就业方式，新就业形态从业人员越来越多。外卖的发展就是新业态产物之一。从“外卖骑手”蜕变为“羊城工匠”，正是近年来广州助力产业工人队伍建设、推动新业态就业群体进一步实现高质量就业的一个缩影。作者采用广角镜头自北向南拍摄，新中轴线的摩天大楼尽收眼底，而更加引人注目的则是身穿醒目的黄色工作装、整齐划一排成一条直线的“骑士”——美团“外卖骑手”。广州市天河区体育中心南的天河路商圈一直蜚声中外，是海内外游客慕名前往、旅游必经打卡之地。与平时人声鼎沸的热闹景象不同，这张照片更加突显了“外卖骑手”等待接单时恭默守静的场景。国家的高质量发展催生了更多的就业渠道和路径，祖国日益强盛，也带给了每一个家庭更多的希望和支撑。

▲ 张永林《五星红旗下的粤港澳青年》（2019年）

2019年，张永林拍摄了《五星红旗下的粤港澳青年》。鲜艳的五星红旗下，粤港澳的青年人齐聚在此，参加丰富多彩的文娱活动，促进情感交流。

老酸奶
封利是
饿了么年货节 逛永庆坊扫年货
送礼新姿势 用饿了么试试

◀ 陈慧娴《永庆坊年味》（2021年）

2018年10月24日，习近平总书记视察永庆坊，沿街察看旧城改造、历史文化建筑修缮保护情况，并听取了广州市城市规划建设管理工作汇报。习近平总书记指出，城市规划和建设要高度重视历史文化保护，不急功近利，不大拆大建；要突出地方特色，注重人居环境改善，更多采用微改造这种“绣花”功夫，注重文明传承、文化延续，让城市留下记忆，让人们记住乡愁。广州市荔湾区永庆坊是用“绣花功夫”活化广州的著名历史文化街区。不同于“推倒重建”的做法，永庆坊用微改造的模式，基于原来外轮廓不变的前提进行建筑立面更新，让“旧”和“新”充分有机结合。结合广州千年商都的历史根脉，荟萃岭南文化历史风貌，永庆坊在原有街坊里弄的城市肌理上，保留和修复西关骑楼、西关名人建筑、荔枝湾涌、粤剧艺术博物馆、金声电影院等城市乡愁记忆符号，真正实现老城市文化名片和新活力都市生活的城市价值新组合，以实际行动推动最广州、最国际的广州岭南文化对外交流窗口的建设。

▲ 李庆华《麒麟起舞》（2020年）

李庆华《麒麟起舞》中的“麒麟”在中国古代神话故事中是一种瑞兽，《礼记》中将麒麟与凤凰并列，认为麟、凤、龟、龙是所谓的“四灵”。《说文解字》里说麒麟有着鹿的身子、牛的尾巴，头上有一个角。麒麟与凤凰一样有雌雄之分，其中雄的叫作“麒”，雌的叫作“麟”。[1]或许没有人真的见过麒麟，但它寄托了人们美好的希望。麒麟起舞，为新的时期、新的阶段带来祝福和希冀。

1 林屋公子、凤妩：《魅影——中国古代神灵志异图鉴》，万卷出版公司，2020年，第71页。

▲ 杨对荣《敬业的城市美容师》（2022年）

杨对荣在麓湖拍摄《敬业的城市美容师》，如此景象发生于日常，随处可见。清洁工人甘愿到城市的每一个角落，将行人可能注意不到的每一个细枝末节处打扫得干干净净，甘心立足本职岗位，为社会提供一个干净又卫生的生活宜居环境，无愧为城市的美容师。匆匆路过的行人或许记不得每一位清洁工人，但是这座城市的历史画布上不能缺少他们浓墨重彩的一笔。

▶ 廖宁《西湖路迎春花市》（2015年）

广州花市，有着较深的历史与民俗渊源，最早发端于民间自发的花卉种植与销售活动，并且出现专业性的花卉市场：素馨花市。随着清代中、晚期广州民间商业高度兴旺及市井生活的进一步丰富，花市从单纯的花卉市场演变成满足市民休闲娱乐的文化活动，并与春节、元宵等节庆紧密结合，从而形成迎春花市这一民俗活动。越秀西湖花市位于广州市越秀区西湖路，享有“百年花市”的美誉，一直是广州的中心花市，也是“老广”除夕必备节目。2015年，在花市主牌楼设计上，以五仙观牌坊造型为设计元素，牌楼前放五羊仙像，寓意“五羊开泰”，取“祝愿广州市民丰衣足食”之意，更寓意越秀区在新的一年里更加兴旺发达。主牌楼用现代环保装饰材料、先进工艺与传统民间工艺相结合，环保安全、美观大方。既突显出越秀区的历史文化底蕴，又营造出了浓浓的年味。而中心花坛设计理念源于五仙观内的大红木宫灯，体现了广府文化特色。

市
中國
搏藝
藝越龍獅中外揚
福滿廣州

▼ 车志辉《老城市新活力》（2020年）

北京路是广州市越秀区一条集文化、娱乐、商业于一体的步行街，地处市中心，也是广州市城建之始所在地。《老城市新活力》选取的是北京路的夜景，夜幕苍穹，华灯闪烁，慕名而来的游客络绎不绝，通过照片仿佛置身于摩肩接踵、人声鼎沸的现场。作者采用了延时曝光的夜景拍摄方法，人像虚化更突显了夜晚北京路的繁华与时尚。

（四）陈列装置

1. 分割空间的摄影作品垂纱（4幅）

黄汝广《挥毫》、廖衍强《花城木棉红》、陈慧娴《永庆坊年味》、陈碧信《晨曦中的海心桥》

2. 仿线装古籍文学作品装置（16件）

（唐）张九龄《与王六履震广州津亭晓望》：“明发临前渚，寒来净远空。水纹天上碧，日气海边红。景物纷为异，人情赖此同。乘槎自有适，非欲破长风。”

（唐）黄滔 《广州试越台怀古》：“南越千年事，兴怀一旦来。歌钟非旧俗，烟月有层台。北望人何在，东流水不回。吹窗风杂瘴，沾槛雨经梅。壮气曾难揖，空名信可哀。不堪登览处，花落与花开。”《寄南海黄尚书》:“五羊城下驻行车，此事如今八载馀。”（节选）

（唐）高适《送柴司户充刘卿判官之岭外》：“海对羊城阔，山连象郡高。风霜驱瘴疠，忠信涉波涛。”（节选）

（唐）皮日休《送李明府之任海南》：“五羊城在蜃楼边，墨绶垂腰正少年。山静不应闻屈鸟， 草深从使翳贪泉。”（节选）

（唐）杜甫《归雁》：“闻道今春雁，南归自广州。见花辞涨海，避雪到罗浮。”（节选）

（唐）刘言史《越井台望》：“独立阳台望广州，更添羁客异乡愁。晚潮未至早潮落，井邑暂依沙上头。”

（唐）李群玉《中秋广江驿示韦益》：“莫惜三更坐，难消万里情。同看一片月，俱在广州城。”（节选）

（宋）陆文圭《寿陆义斋》：“归棹石门江水长，肯留一片广州香。不须人祝千年寿，但愿公流百世芳。长侍潘舆游故里，胜持汉节落南荒。芙蓉金菊秋风迳，好和陶辞引玉觞。”

（宋）杨万里《闰三月二日发船广州来归亭下之官宪台》：“诸人政坐爱闲游，天遣南游天尽头。到得广州天尽处，方教回首向韶州。”

（宋）苏轼《食荔枝》：“日啖荔枝三百颗，不辞长作岭南人。”（节选）

（明）袁崇焕《约同人游拾翠洲》：“春风十里五羊城，拾翠洲前绿草生。”（节选）

（明）孙蕡《广州歌》：“广南富庶天下闻，四时风气长如春。长城百雉白云里，城下一带春江水。少年行乐随处佳，城南南畔更繁华。朱楼十里映杨柳，帘栊上下开户牖。”（节选）

（清）陈恭尹《木棉花歌》：“粤江二月三月天，千树万树朱花开。有如尧时十日出沧海，更似魏宫万炬环高台。覆之如铃仰如爵，赤瓣熊熊星有角。浓须大面好英雄，壮气高冠何落落！”（节选）

（清）张维屏《木棉》：“攀枝一树艳东风，日在珊瑚顶上红。春到岭南花不小，众芳丛里识英雄。”

（清）陈其锟《忆江南》：“珠江好，最好漱珠桥。紫蟹红虾兼白鳝，蜀姜越桂与秦椒。柔橹一枝摇。”

（民国）铨伯《竹枝词》：“羊城今日已无城，不待佳人一笑倾。试上五层楼上望，马龙车水路纵横。”

六 结语

（一）主题文

广州是一座英雄的、务实的城市。如果将每张照片比作回顾历史、体悟当下、展望未来的一个窗口，那么，透过这些描画社会、记录时代的窗口，我们将回忆起三元里抗英、辛亥革命推翻清廷帝制、掀起改革开放浪潮、抗击非典与新冠肺炎中的英雄广州人；寻找到一个个温馨、感动的广州故事和一件件凝聚广州人匠心与情感的“广货”；感受到广州宜人的自然环境、浓浓的烟火气息与开放包容的城市精神；体会到广州喜迎党的二十大、推动实现老城市新活力的稳健步伐。

因此，或许观众能从这些影像作品中察见广州人的包容、进取与务实；察见广州人的低调、肯干与实干；察见广州人不惧困难、昂扬奋发、从哪里跌倒就从哪里爬起来的大无畏精神，从而撸起袖子加油干，为广州持续高速发展贡献热血和青春。那么，本次展览无疑具有十分重要和深远的意义。

本次展览得到广州市摄影家协会、广东岭南诗书画研究院的大力支持，中国书法家协会理事、西泠印社社员、广东省书法家协会主席团成员梁晓庄先生专门为展览创作篆刻作品，为展览增辉，在此一并致以最真诚的谢意！

（二）陈列装置

方柱形立体文学作品装置（2件）

郭沫若《我来广东的志望》："总之我们要改造中国的局面，非国民革命策源地的广东不能担当；我们要革新中国的文化，也非在国民革命的空气中所酝酿的珠江文化不能为力。"[1]

冰心《给广州的朋友》："广州这个城市是太丰富多彩，而且发展变化得太快了，当人家心摇目眩，第一个雄伟美丽的镜头，还没有捉住的时候，飞速地又掠过一个更新更美的镜头，叫人如何来得及下笔？"[2]

七 展品附录

作者	展品名称
一 前言	
梁晓庄	"广州印迹"白文印
二 "忆"之章	
1 纪念事件	

1 郭沫若：《我来广东的志望》，革命生活（旬刊）1928年第5期。

2 广州市文史研究馆：《羊城风华录（续）——当代中外作家笔下的广州》，花城出版社，2008年，第15页。

（续表）

作者	展品名称
黄汝广	《军民鱼水情》
黄汝广	《检阅三军》
黄汝广	《祖国万岁》
黄汝广	《中国航天“长征一号”运载火箭到羊城》
黄汝广	《威武雄狮迈步中山路》
黄汝广	《儿童节快乐》
杨对荣	《商客如云》
谢展程	《广州地铁一号线开工典礼》
魏　晖	《空姐选美》
魏　晖	《万人唱黄河》
林　星	《广州一日摄影大赛》
林　星	《广州国际集体婚礼》
2　羊城风物	
黄汝广	《白云宾馆》
黄汝广	《亮丽区庄立交桥》
黄汝广	《白鹅潭畔》
黄汝广	《红陵旭日》
黄汝广	《飞龙驾到》
黄汝广	《纱林之梦》

（续表）

作者	展品名称
黄汝广	《广州立交桥》
黄汝广	《广州珠江河畔西堤景观》
林　星	《下班高峰》
杨对荣	《醒狮出游》
林　星	《东方乐园》
黄汝广	《飞龙驾到》
3　市井烟火	
黄汝广	《赤脚医生》
杨对荣	《摘荔枝时节》
黄汝广	《送书下乡》
黄汝广	《英雄之村三元里新春乐》
黄汝广	《广州早茶》
林　星	《龙潭村幼儿园》
林　星	《龙潭村小学》
林　星	《下班高峰》
林　星	《路线分明》
林　星	《洋妞逛上下九步行街》
林　星	《风雨红棉亭》
魏　晖	《外来工过年》

（续表）

作者	展品名称
魏　晖	《外来工小孩看飞机》
黄汝广	《挥毫》
黄汝广	《大民警与小民警》
三　“花”之章	
1　花海绿天	
黄汝广	《市花红棉满城开》
廖衍强	《花城木棉红》
陈宝亨	《沙面之晨》
廖　宁	《花园城市》
廖　宁	《凤凰花开耀羊城》
郑树强	《新滘立交上的簕杜鹃》
陈碧信	《古楼春色》
郑　迅	《红棉盛开农讲所》
陈碧信	《秋染海珠湖》
苏志佳	《展翅》
覃光辉	《三星村庆丰收》
廖　宁	《甘泉》
龙建平	《木棉伴我行》
胡建军	《鸟瞰东湖九曲桥》

（续表）

作者	展品名称
张　林	《荷趣》
张　林	《爱的告白》
刘志峰	《大地织锦》
郑雪梅	《晚秋》
张永林	《花城新客厅》
陈纪萱	《帽峰山蜂鸟》
陈纪萱	《英雄辈出》
温金溪	《从化金秋》
杨对荣	《老榕树下打卡点》
杨对荣	《老榕婆娑荫南粤》
曾全胜	《畲族村扶贫路》
陈　炜	《擎天》
陈启泉	《笑靥如花春光美》
2　繁华盛景	
黄汝广	《情满珠江贺新岁》
廖　宁	《百年盛事》
杨锦华	《2017〈财富〉全球论坛主会场》
蓝远峰	《广船白鹤洞船台最后一条巨轮下水》
郭永朝	《珠江红》

（续表）

作者	展品名称
苏志佳	《我在广州向祖国表白》
四　“城”之章	
1　云山珠水	
何　进	《广州晨曦》
余华越	《广州最美乡村》
杨　艺	《霓虹粤韵黄昏时》
黄汝广	《珠江璀璨夜》
唐谭敏	《彩蝶辉映广州夜》
陈碧信	《崛起的珠江新城》
陈碧信	《广州天际线》
陈学谦	《水乡路网》
唐谭敏	《霞染新担东涌水闸》
陈碧信	《晨曦中的海心桥》
苏志佳	《朝晖》
张永林	《彩虹视窗》
陈汉添	《吕田仙境》
李汉标	《黄埔港区》
2　城市空间	
黄汝广	《广州移山建中国大酒店》《中国大酒店灯火辉煌》

（续表）

作者	展品名称
黄汝广	《珠江两岸昔》《珠江两岸今》
黄汝广	《天河今非昔比》《新的天河在崛起》
许培武	《昔日的渔村，现在的城市地标东塔、西塔》
许培武	《城市中央城中村变花城广场》
许培武	《积水潭，养猪场变成大剧院》
许培武	《广州城市新中轴线从初形到落成》
许培武	《珠江河面划龙舟》
许培武	《天河体育中心人行隧道大变迁》
许培武	《天河区闲置地盖成太古汇》
许培武	《天河路烂尾楼变商业圈》
黄亦民	《海心沙，一个建有仓库的小岛》《海心沙建成亚运开幕式会场》
黄亦民	《珠江新城在建》《俯瞰广州新中轴线》
罗景尧	《广州塔的雄起》
陈碧信	《腾飞的琶洲国际会展中心》
廖　宁	《通向光明》
车志辉	《广州圆》
黄宇菁	《黄昏下的白云国际机场》
梁文生	《云上看广州》
陈金良	《粤港澳大湾区重要连接通道南沙明珠湾大桥火热建设中》

（续表）

作者	展品名称
陈碧信	《连通大湾区》
刘　禹	《旋律》
五　“情”之章	
1　豪情大爱	
李文启	《一曲荔枝颂》
陈碧信	《打造新城市中轴线》
张永林	《沸腾的体育场》
范　明	《祝福祖国》
郑雪明	《猎德春宴》
李庆华	《奔向都市之巅》
李和健	《与国同庆》
钟燕生	《一针一线感党恩》
范　明	《新业态》
张永林	《五星红旗下的粤港澳青年》
黄汝广	《龙飞狮舞贺新春》
2　日常喜乐	
廖　宁	《三尺龙泉指路明》
王　淳	《腰鼓敲起来》
廖　宁	《西湖路迎春花市》

（续表）

作者	展品名称
江永成	《水乡人家》
李庆华	《麒麟起舞》
罗景尧	《南沙图书馆》
车志辉	《老城市新活力》
陈慧娴	《永庆坊年味》
车志辉	《城市活力奋力前行》
瞿俊雄	《蔚为国光》
杨对荣	《喜庆连连》
杨对荣	《敬业的城市美容师》
邹碧雄	《彩色跑》

第三部分

展览延伸

一 现场花絮

（一）展览现场

“广州印迹——城市风貌摄影展”于2022年6月8日至8月8日在广州政协文史展示中心三楼展出。本次展览是广州政协文史展示中心“我的城市我的家”系列展览的首秀。展览围绕“忆”“花”“城”“情”四个主题，通过新旧照片对比的方式，以静态照片突显广州的动态变化，唤醒“老广”们的旧时回忆，不由得感慨时间造就的风云变幻、沧海桑田。展览题材的新颖性引得观众络绎不绝，“老广”们面对旧照片思绪万千，“新广”们通过照片加深了对千年古城广州的了解和认识。

广州印迹
城市风貌摄影展
主办单位：广州市政协办公厅
协办单位：广州市摄影家协会
广东岭南诗书画研究院
承办单位：广州政协文史展示中心
广州印迹

廣州印迹
广州印迹
城市风貌摄影展
展览时间：2022/6/8--8/8
展览地点：广州市越秀区明月一路2号广州政协文史展示中心3楼
预约电话：020-8737 4722
主办单位：广州市政协办公厅
协办单位：广州市摄影家协会 广东岭南诗书画研究院
承办单位：广州政协文史展示中心

广州
【城市风貌摄影展】
印迹
2022/6/8--8/8
主办单位：广州市政协办公厅
协办单位：广州市摄影家协会
广东岭南诗书画研究院
承办单位：广州政协文史展示中心
展览地点：广州市越秀区明月一路2号
广州政协文史展示中心3楼
开放时间：9:30-17:30（逢周日闭馆）
预约电话：020-8737 4722

羊城竹枝词
约同人游拾翠洲
春风十里五羊城
拾翠洲前绿草生
明代

登镇海楼赋
越秀为一郡之主峙
浮丘乃七天之门户
日月之泉
试上五层楼
马龙车水路纵横
春风十里五羊城

花
花是广州的城市符号和文化意象。
地处北回归线以南，亚热带季风海洋气候以及珠江环绕的优越地理条件，使得广州一年四季草木常绿，繁花盛开，有"花城"的美誉。烈士陵园的木棉、沙面的古榕、香雪公园的梅花、兰圃的兰花、石门的禾雀花、汀塘的油菜花、临江大道的凤凰木和簕杜鹃、流溪河的红叶、华南植物园的水松，以及"花地湾""英雄花""花市"等以花来命名、寄意的称谓或以花为衣食的行业，处处显现出广州的自然生态景观和历史人文情结。新时代新征程，广州在生态文明建设与城市化发展日益协调的当下，广州塔和珠江上的节日烟花、西湖夜市的不眠灯火、财富论坛主会场的璀璨光芒，又处处显现出这座花一般的城市"万花光射满城红"般的富足与繁华。
本单元以"花"为主题，通过系列影像展现广州绿色、美丽、繁华的城市色彩；展现广州人"壮气高冠何落落"的英雄血脉；展现为广州生态文明建设付出艰辛汗水的"植树护花使者"的奉献精神。
广州印迹

广州印迹
广州印迹
广州印迹
广州印迹
纱林之梦
黄汝广 摄
1993年
空姐选美
中国首次举行空中小姐评选，
从全国各大航空公司数万名空姐中选出27位决赛选手
在广州参加"蓝色沸点"大赛。
魏 晖 摄
1993年
外来工过年
魏 晖 摄
1993年
挥毫
黄汝广 摄
1994年

纱林之梦
广州第一棉纺厂
黄汝广

部分作者接受中心工作人员的采访

广州印迹
忆

2022年天河艺苑巡展现场

2022年9月28日，“广州印迹——城市风貌摄影展”巡展第一站在天河艺苑开展。本次巡展得到了天河区政协和天河区文联的积极配合，为更好地推动市区联动、助力粤港澳大湾区的文化发展发挥了基础性作用。

2022年广州少年儿童图书馆巡展现场

2022年10月19日，“广州印迹——城市风貌摄影展”巡展在广州少年儿童图书馆一楼展览厅开展。儿童及家长都能从中找到属于各自的童年记忆，领略广州独特的城市魅力，激发他们读懂广州、热爱广州、奉献广州的热情。

2022年黄花岗公园巡展现场

2022年11月，“广州印迹——城市风貌摄影展”在黄花岗公园展出，为社会公众带来精彩纷呈的艺术盛宴，为此展本年度巡展画上圆满句号。

（二）文创产品

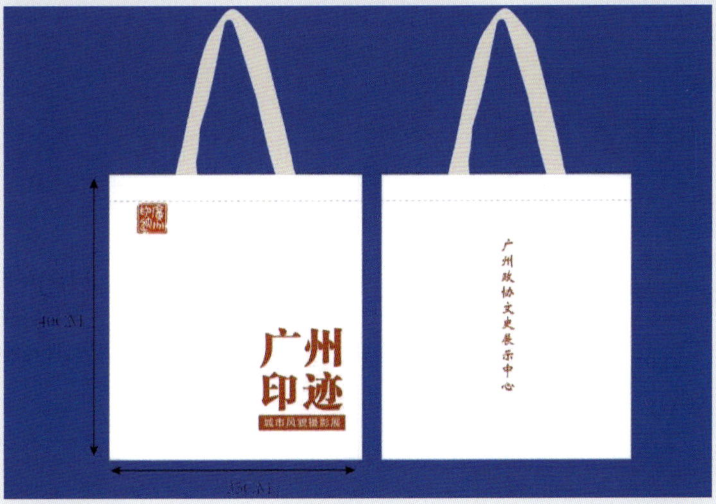

二 宣传报道

“广州印迹——城市风貌摄影展”自2022年6月8日开展以来，得到了社会各界的广泛关注。《广州日报》、大洋网、新快报、人民政协网等多家官方媒体报道了展览的各类信息。

xkb 新快网 .com.cn

首页 电子报 存档

跟着150余幅作品读懂广州

日期:[2022-06-12] 版次:[A03] 版名:[乡村振兴] 字体:【大 中 小】

扫一扫，关注新快报官方微信，报料互动，精彩内容，一手掌握。

“广州印迹”摄影展开展

新快报讯 记者陈慕媛 通讯员梁天铭报道 日前，《“广州印迹”——城市风貌摄影展》（下称《广州印迹》）在广州政协文史展示中心三楼正式展出。展览开放时间为6月8日-8月8日，9:30-17:30（周日闭馆）。个人可凭有效身份证件、穗康码绿码和行程码免费预约参观。

展览由广州市政协办公厅主办，广州政协文史展示中心承办，广州市摄影家协会、广东岭南诗书画研究院协办。

《广州印迹》是广州市政协讲好“广州故事”“广州经验”的实践成果，是广州政协文史展示中心“我的城市我的家”系列展览的首秀。

展览紧密围绕“忆”“花”“城”“情”四个主题，展出反映广州城市风貌及其发展的一百五十余幅摄影作品，配以历代名人诗文句，以新旧影像对比，文字与作品结合，静态影像与动态视频交融的陈列方式，呈现出广州自上世纪八十年代至今在物质文明和精神文明两个方面取得的辉煌成就。

此次展览通过描画社会、记录时代的影像和文字，着力于展现广州人特有的城市记忆与乡愁；展现广州英雄的、开放的、包容的、务实的城市精神；展现广州绿色和谐的生态与人文环境；展现广州在改革春风中日新月异的城乡变迁与人情坚守；展现广州推动实现老城市新活力的稳健步伐。

2022年6月12日，新快报报道《跟着150余幅作品读懂广州》

天河艺苑呈现“广州印迹”

人民资讯
2022-09-29 17:00 北京 人民科技官方账号
关注

本文转自：人民日报客户端

许培武

9月28日，由广州市政协文史展示中心、广州市天河区文联主办的“广州印迹——城市风貌摄影展”在广州天河艺苑开幕。

“让城市留下记忆，让人们记住乡愁”。本次展览的100多幅摄影作品，结合名人赞美广州的诗歌、散文等，以新旧影像对比，静态影像与动态视频交融等方式呈现广州自上世纪七、八十年代至今在物质文明和精神文明两个方面取得的辉煌成就。

展览分为“忆”“花”“城”“情”四个主题。广州鲜花怒放，榕荫叠翠，繁华热闹；广州水如网织，路路通达，高楼林立；广州包容开放，“生猛鲜活”，务实乐观。这些情景都记录在摄影家或特写、或鸟瞰、或仰视的镜头中，凸显出广州人特有的城市记忆与乡愁，凸显出广州绿色和谐的生态与人文环境，凸显出广州在改革春风中日新月异的城乡变迁与人情坚守。

2022年9月29日，人民科技官方账号“人民资讯”转载《人民日报》天河艺苑呈现“广州印迹”

人民政协网 协商

www.rmzxb.com.cn

读懂，最中国的民主

人民政协网

首 页 | 政协动态 | 协商建言 | 委员声音 | 主席日志 | 正商量 | 议政瞬间

首页 > 协商 > 政协动态

用镜头读懂广州 “广州印迹”——城市风貌摄影展侧记

2022年06月13日 18:11 | 作者:林仪 揭春雁 | 来源：人民政协网　分享到：

人民政协网广州6月13日电（记者 林仪 揭春雁）“广州这个城市是太丰富多彩，而且发展变化得太快了，当人家心摇目眩，第一个雄伟美丽的镜头，还没有捉住的时候，飞速地又掠过一个更新更美的镜头，叫人如何来得及下笔？”

这是冰心在《给广州的朋友》中描述的“广州印象”，也道出了不少“新”“老”广州人的心声。影像是时代的印迹。6月8日，一场为期两个月的《“广州印迹”——城市风貌摄影展》（以下简称《广州印迹》）在广州政协文史展示中心拉开帷幕，试图用影像展现广州的过去、现在和未来。

“《广州印迹》是广州市政协讲好‘广州故事’‘广州经验’的实践成果，是广州政协文史展示中心‘我的城市我的家’系列展览的首秀。”市政协副秘书长刘德挺说，2018年10月，习近平总书记考察广州时，指出“城市文明传承和根脉延续十分重要，传统和现代要融合发展，让城市留下记忆，让人们记住乡愁”。于是，由广州市政协办公厅主办，广州政协文史展示中心承办，广州市摄影家协会、广东岭南诗书画研究院协办的《广州印迹》应运而生。

2022年6月13日，人民政协网进行专题报道

中国人民政治协商会议广州市委员会

Chinese People's Political Consultative Conference Guangzhou Committee

首 页 | 概 况 | 工作动态 | 专委会工作 | 政协会议 | 提案工作 | 有事好商量 | 委员风采 | 机关建设 | 学习园地

党建工作 | 机关动态 | 规章制度 | 部门预决算 | 全民国家安全教育日 | 广州好家风

机关建设

» 党建工作

» 机关动态

» 规章制度

» 部门预决算

» 全民国家安全教育日

» 广州好家风

首页 -> 机关建设 -> 机关动态

机关动态

《广州印迹——城市风貌摄影展》巡展在广州少年儿童图书馆开展

日期：2022-10-21　浏览量：541

10月19日，《广州印迹——城市风貌摄影展》巡展在广州少年儿童图书馆一楼展览厅开展。

本次展览是巡展的第二站，布展结合展馆定位，并从观众年龄层出发，精选出反映改革开放初期至今儿童生活、城市面貌、生态文明建设、人文情怀等方面约50幅优秀摄影作品，并结合古诗及近现代文人描写赞美广州的文字进行综合展示。儿童及家长能从中找到属于各自的童年记忆，领略广州独特的城市魅力，感受广州近半个世纪飞速发展的变化，激发他们读懂广州、热爱广州、奉献广州的热情，培养少年儿童爱党爱国爱家之心。（来源：广州政协文史展示中心 梁

10月19日，“广州印迹——城市风貌摄影展”巡展在广州少年儿童图书馆一楼展览厅开幕，吸引了众多青少年的观展，感受广州改革开放以来城市风貌的日新月异

4 责任编辑：赵亦平 吴绍锋 美术编辑：万新岩
专题
GUANGZHOU DAILY
2022年6月1? 日 星期? 广州日报

一展览尽一城风韵

广州政协文史展示中心“我的城市我的家”首秀：“广州印迹——城市风貌摄影展”揭幕

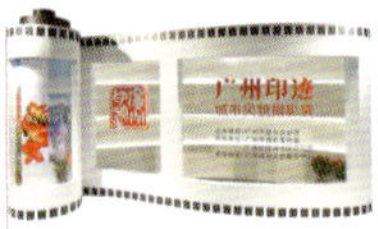

词句入画，影像成诗。

6月8日至8月8日，由广州市政协办公厅主办，广州政协文史展示中心承办，广州市摄影家协会、广东岭南诗书画研究院协办的《广州印迹——城市风貌摄影展》（简称“《广州印迹》”）于广州政协文史展示中心三楼展出。

打开时间的维度，2018年10月，习近平总书记考察广州，指出“城市规划和建设要高度重视历史文化保护，注重文明传承、文化延续，让城市留下记忆，让人们记住乡愁”，殷切嘱咐广州要在新征程中不断开拓奋进，实现老城市新活力。

“摄影是时代的印迹。观者置身其中，记忆不断浮现、精神得以传承。”《广州印迹》是广州市政协讲好“广州故事”“广州经验”的实践成果，是广州政协文史展示中心“我的城市我的家”系列展览的首秀。展览围绕“忆”“花”“城”“情”四个主题，精选150余幅摄影作品，从多角度呈现广州自上世纪七八十年代至今在物质文明和精神文明两个方面取得的辉煌成就。同时配以历代名人的诗词文句，通过新旧影像对比，静态影像与动态视频交融的陈列方式，让观众沉浸其中，品味洋溢岭南风韵的城市温度与人文情怀，从而更好地读懂广州、热爱广州、奉献广州。

文/何道岚
图/邱伟荣

立意：激发“新”“老”广州人的共同情感

广州实际管理人口数量超过2200万，这个数字包括生于斯长于斯的老广州人和几百万“孔雀东南飞”的新广州人。怎么勾起老广州人的城市记忆，如何引导新广州人读懂广州？是本次展览的主要思考。

因此，陈展方尝试汇集广州城市风貌摄影作品及其相关的历代诗文佳句，以丰富、立体的陈列方式，借苏轼、屈大均、鲁迅、老舍、郭沫若、巴金、冰心等名家视角，勾勒出广州的古韵今风，尤其是改革开放几十年来的印迹。希望由此能让老广州人感受到乡愁，唤醒人们记忆中广州原来的模样；又让新广州人了解到这座城市的巨大变迁，知道今天的广州是怎样一步步走过来的，从而激发“新”“老”广州人热爱广州、建设广州、奉献广州的共同情感。

在设计上，展览以平面的摄影作品、立体的文字装置、酷炫的现代装饰布置分割展陈空间，并兼顾展品的大小、色彩、节奏、形式感等美学要素，从而让观众能从图像、文字、陈列设计等各个方面感受广州独特的魅力。

广州鲜花怒放，榕荫叠翠，繁华热闹；
广州水如网织，路路通达，高楼林立；
广州包容开放，“生猛鲜活”，务实乐观；
……

这些情景都记录在摄影家或特写，或鸟瞰、或仰视的镜头中，凸显出广州人特有的城市记忆与乡愁，凸显出广州绿色和谐的生态与人文环境，凸显出广州在改革春风中日新月异的城乡变迁与人情坚守。

“透过这些在时光深处发出自己声音的影像，我们可以感受到广州的城市温度与情感，以及每一位为广州城市建设与生态保护付出努力的广州人的平凡与伟大。”展览前言留下这样一段寄语。

四章节品读一城华彩

【章节一：忆】再现浓浓的市井烟火、风云变幻的历史进程

老城市，新活力。

有着2200多年厚重历史的广州，留下了美好的城市记忆，并持续焕发着新的活力与激情。海珠广场上下班的工作者、独立电话亭边思乡的身影、仰望天空飞机掠过的外来工子女、茶楼中闲聚的“老友记”、榕树下喝着珠啤的三两小伙、上下九逛街的外国人，王老吉凉茶铺的师傅，交织成一个个独特的广州故事；地铁一号线开通、第一届中国进出口商品交易会（广交会）、赈灾义演、广船巨轮下水、中国大酒店建成、“小蛮腰”耸立在珠江之畔，记录着一件件令人难以忘怀的广州大事；沙面、长堤、中山公园、黄埔港、白鹅潭、北京路、上下九等传统城市历史人文景观，天河城、珠江新城、海心沙、南沙自贸区、大学城等新辟的商业、文化区域，形成了一个个既延续历史文脉，又充满活力的广州空间。

说到岭南地区博大精深的饮食文化，广府饮茶习俗可谓广府群众参与度最高、影响最广泛的生活习俗之一。康有为、孙中山、鲁迅、郭沫若等无数近代文化名人都曾在广州饮茶并为之倾倒，留下一段段脍炙人口的人文佳话。毛泽东就在《七律·和柳亚子先生》一诗中写下“粤海饮茶未能忘”的记忆。

本单元以“忆”为主题，通过系列影像再现广州浓浓的市井烟火；再现绿色宜居的城市环境和新潮、重质的“广货”；再现广州特有的城市记忆和乡愁；再现广州风云变幻、日新月异的历史发展进程。

【章节二：花】展现繁华的城市色彩、壮阔的英雄气概

花是广州的城市符号和文化意象。

地处北回归线以南，亚热带季风湿润气候以及珠江环绕的优越地理条件，使得广州一年四季草木常绿、繁花盛开，有“花城”的美誉。烈士陵园的木棉、沙面的古榕、香雪公园的梅花、兰圃的兰花、石门的禾雀花、汀塘的油菜花、临江大道的凤凰木和簕杜鹃、流溪河的红叶、华南植物园的水松，以及“花地湾”“英雄花”“花市”等以花来命名、寄意的称谓或以花为衣食的行业，处处显现出广州的自然生态景观和历史人文情结。新时代新征程，广州在生态文明建设与城市化发展日益协调的当下，广州塔和珠江上的节日烟花、西湖夜市的不眠灯火、财富论坛主会场的耀眼光芒，又处处显现出这座花一般的城市“万花光射满城红”般的富足与繁华。

“真是了不起的好地方！人极热情，花似乎也热情！”老舍在《春来忆广州》中真情流露。

本单元以“花”为主题，通过系列影像展现广州绿色、美丽、繁华的城市色彩；展现广州人“壮气高冠何落落”的英雄血脉；展现为广州生态文明建设付出艰辛汗水的“植树护花使者”的奉献精神。

【章节三：城】呈现新旧城市景观的美、开放的城市精神

广州是一座与水息息相关的、高度现代化的“城”。

广州是我国唯一历代相沿、长久不衰的对外贸易口岸，更是“海上丝绸之路”的重要起点之一。得天独厚的港口条件与无数大大小小的江河湖海，使广州经济、文化和城市建设都能在“水”的丰厚滋养下发展。水与城的交融，造就了广州人的温润、灵秀与包容；造就了广州长宜的风物和繁杂的花卉、绿植；造就了珠江两岸纵横交错的公路与大桥、巍峨俯瞰的广州塔、五光十色的历史建筑与现代化高楼等人文景观，描绘出丰富多维的城市版图；还造就了广州的国际化色彩与开放基因，使广州在改革的浪潮中，经济、文化、科技、城市建设高速发展，逐步成为我国最重要的枢纽门户和中心城市之一。

“用‘生猛鲜活’四个字来概括广州，应该说是恰如其分的。”易中天在《读城记·广州市》中开宗明义。

本单元以“城”为主题，通过系列影像呈现广州水系生态的自然美与新旧城市景观的形式美；呈现广州开放的、国际化的城市精神；呈现广州贯彻新发展理念、推动城市建设高质量发展的卓著成效。

【章节四：情】映现风土人情与生活习俗、百姓的家国情感

为人先、英雄气与市井化，是广州人的性情特点。

身处近代革命的策源地，广州人为革命事业前仆后继、毁家纾难，写下了可歌可泣的壮丽史诗；身处对外开放前沿，广州人率先嗅到时代的变化，为社会主义建设推波助澜，打开了城市高速发展的新格局；身处中国南方的沿海城市，广州人抚拂在海风中，豁达乐观享受着最好的时代。在这个意义上说，广州人有着红色的基因，有着包容的胸怀，有着务实的精神。粤剧、蛋家、舞狮、烧鹅、广马、荔枝……是“广味”，是“粤情”；老兵绣红旗、年轻教师讲党史、艺术家描绘大好河山……是大爱，是豪情；城市的美容师、幸福和谐的家人、勤劳忙碌的行人……是生活，是温情。

冰心在《给广州的朋友》中抒怀：“广州这个城市是太丰富多彩，而且发展变化得太快了，当人家心摇目眩，第一个雄伟美丽的镜头，还没有捉住的时候，飞速地又掠过一个更新更美的镜头，叫人如何来得及下笔？”

本单元以“情”为主题，通过系列影像映现广州的风土人情与生活习俗；映现广州人对党和国家的情感；映现普通百姓的柴米油盐和日常喜乐。

回味：打开一扇窗，昭示“城以盛民”

往事越千年，千年商都广州是一扇“窗”，中外文明互鉴之窗；立足新时代，广州仍然是一扇“窗”，展现城市形象、国家形象的时代之窗。

布展方表示，如果将《广州印迹——城市风貌摄影展》每张照片比作回顾历史、体悟当下、展望未来的一个窗口，那么，透过这些描画社会、记录时代的窗口，人们将回忆起三元里抗英、辛亥革命推翻清廷帝制、掀起改革开放浪潮、抗击非典与新冠肺炎中的英雄广州人；寻找到一个个温馨、感动的广州故事和一件件凝聚广州人匠心与情感的“广货”；感受到广州宜人的自然环境、浓浓的烟火气息与开放包容的城市精神；体会到广州喜迎党的二十大、推动实现老城市新活力的稳健步伐。

观众能从这些影像作品中察见什么？或许能察见广州人的包容、进取与务实，察见广州人的低调、肯干与实干，察见广州人不惧困难、昂扬奋发，从哪里跌倒就从哪里爬起来的大无畏精神，从而撸起袖子加油干，为广州持续高速发展贡献热血和青春。

“城以盛民”，本次展览昭示的意义或在于此。

据介绍，展览得到广州市摄影家协会和广东岭南诗书画研究院的大力支持。广州市摄影家协会主席廖宁、广东省摄影家协会原副主席兼秘书长林垦、广东省摄影家协会原理事杨对荣、广州市摄影家协会原副主席黄汝广、纪实摄影师黄亦民等资深摄影家提供佳作，并提出专业意见。此外，中国书法家协会理事、广州市书法家协会副主席兼秘书长、西泠印社社员梁晓庄特为展览原创篆刻作品，为展览增辉。

名家论展

“流露人文关怀，把历史点滴串联成篇”

这座城市有她独特的气质。广州现在是国内的一线城市，往前推溯100年，依然是一线城市，再往前推溯500年，也是一线城市，再往前推溯1000年，广州也还是一线城市！刘斯奋先生曾总结说，不守一隅、不拘一格，这是深植于岭南文化的城市气质，广州特有的气度。

《广州印迹》的成功就在于能把这样的气质、气度呈现出来。譬如“花”的篇章，并非表象的花，而是涵盖了改革之花、畅想之花、生命之花，跳出了平面的展示，投入了递进的深度思考，让我印象深刻。

让人眼前一亮的还有展览流露出的人文关怀，透过摄影师的第三只眼，历代文人的诗句文章，带我们用心体验这座城市的精神风貌、大广州的人文气度。照片和词句的结合，犹如拾起撒到各个角落的珍珠，把历史的点点滴滴串联成篇。

观赏《广州印迹》，能感受到一位位创作者对这座城市的深厚感情。

——刘释之 广东岭南诗书画研究院副院长

“人之美和质朴生活哲学的体验空间”

广州，是我未来岁月里扎根做文化的地方。有人问我原因，我回答在整个互联网侵袭的时代下，广州是那个没有沉沦的城市。

走在广州城区的街道上，还有还有开锁的店、修水管的地方，烟火味很重，洋溢着浓浓的生活气息。人们形容为“市井化”，而我觉得应称之为质朴。有了质朴的生活哲学，人就不会被消费主义绑架、不会被审美绑架、不会被流行绑架，不会被各种东西所绑架。

作为《广州印迹》“情”字部的开篇语作者，我在展览中发现了许多属于广州的城市记忆，感觉挺震撼。广州是花之城、美之城，美的本源是什么？是多元化，各美其美。人，是一座城市的核心。相对于北京上海等兄弟城市，广州的文化定位、软实力，来自于多元绽放真性情的人。这样的地方能升华出有动力、有生命力的文化。

未来，中国传统文化的国际化、当代化，必将通过广州这个平台来辐射全国、全球。我应聘暨南大学教授，选择在广州生根，看中的恰是这里将成为未来的文化中心。《广州印迹》就是一个绝佳的体验空间。

——邱伟杰 南京大学美学与文化传播研究中心副主任

“包罗万象之余，也凸显特色面孔”

《广州印迹》，顾名思义，就是大家的印象、走过的轨迹。从上世纪改革开放初期的情境，到今年春节前后的新鲜画面，既有新盖的摩天楼、新开发的路桥，也有充满生活情节的人文景观……广州怎样一步步发展成如今的国际化大都市？就这么直观地呈现在观众眼前。展览挑选了好些大师作品，不乏因拍摄广州而闻名的摄影师，对广州的典型景象有着很好的把控。

作为有十多幅作品入选其中的参与者，我尤其欣赏的是，展览“讲”述了许多老百姓的真实生活，工作娱乐、身边环境。人的生活就是一座城市的特点，民生的东西也最能够反映人民对这个城市的爱，当然还有广东人最喜欢的饮食文化，总之在包罗万象之余，也能凸显这座城市富有特色的面孔。展览把这方面抓住了，也就让“印迹”得以展现了。

——杨对荣 著名摄影师、中国摄影家协会会员

展览开放时间：6月8日—8月8日9:30—17:30（周日闭馆）

展览地点：广州政协文史展示中心（越秀区明月一路2号）

预约电话：020-87374722。个人可凭有效身份证件、穗康码绿码和行程码免费参观。

后记

历史是过去的现实。现在的一切，俯仰之间，便又成为历史。过去、现在、将来是不断发展、一脉相承的。因此，人们研究历史，主要是据古以知今，而且更重要的是据现在以预见未来、指导未来。

本书旨在拓宽城市历史记录的广度和空间，通过一帧帧大气磅礴、生动活泼、静谧悠然的光影佳作，表现出广州城市风貌和社会的变迁以及“老广”们的城市文化认同。可以说，在选取的照片和文字背后，隐藏着无数的精彩故事和感人瞬间，如同一座历史宝库，期待着更多人去挖掘。就拿盛极一时的红棉电话亭来说。20世纪90年代中期，在广州市政协的大力倡议和助力下，为大龄失业下岗人员和残疾人创造就业机会而设立的红棉电话亭在广州迅速铺开。一时间“BP机一响，抬头找红棉”成为时代的特色风景。“红棉亭”的成功做法，一度成为全国20多个城市学习和借鉴的榜样，其中最成功的可算是上海的东方书报亭，当时的“红棉亭”可谓声名在外。在此后的十余年中，随着技术的发展和使用需求的增多，红棉电话亭也先后迎来了4次升级换代。从第一代材料、外形上单一，服务窗口封闭的普通公用电话亭，逐渐升级成为第四代的内设空调，集书、报、刊、电话卡零售，通信等功能于一体的全透明式IC卡多媒体电话亭。可不论如何升级，在飞速发展的时代巨变中，“红棉亭”都已无法跟上时代发展的步伐。昔日布满街头、作为广州公话象征的“红棉亭”，渐渐地淡出了市民的视野，就如同其他许多盛极一时，如今却都已消失的事和物一样。但它们的诞生，在城市发展的历程中，有着不可替代的作用，成就了这座有着丰富历史、独一无二的岭南城市。就如同北京路步行街，千年古道层层叠压的11层路面，由上而下分别记录着民国、明清、宋元、南汉、唐代五个时期的“印迹”，所承载的正是现如今充满岭南风情的骑楼商铺、如织游人。

本书着力于为读者提供各类广州城市风貌和各色人、物、事的摄影作品，从这些可视的图像及其相关文字中感受每一幕精彩的、感动的历史瞬间，“零距离”感受广州精神和城市文化。然而，无论是广州城市发展和社会变迁的全貌，还是广州城的富足与“老广”们的百态都并不是一两本书可以囊括的，本书仅尝试从历史长河中撷取几片浪花，期望着时过境迁，依然能够让读者看到关于广州的一些人、物、事，看到关于广州的时代“印迹”。

感谢广州市摄影家协会、广东岭南诗书画研究院对本书的大力支持，感谢中国人民大学二级教授陈传席先生、中国书法家协会理事梁晓庄先生分别为本书创作主标题书法、篆刻作品，感谢所有为本书提供过帮助的朋友。又及，本书是展示中心研究的起点，旨在抛砖引玉，故难免挂一漏万，谬误时出。在此，也衷心希望方家、读者不吝指教。

广州政协文史展示中心

2022年10月